The Customer Journey

はじめに

今から5年後、10年後のあなたを想像してみてください。

あなたの扱う商品やサービスは売れ続けていますか？

顧客に選ばれ続けていますか？

競合には勝てていますか？

少し先の未来とはいえ、なかなか「はい」と自信を持って答えるのは難しいのではないでしょうか。


私たちが置かれているビジネス環境は、劇的なスピードで、日々変わり続けています。デジタルメディアやSNSの浸透で、消費者意識や行動が変わりました。店頭で商品を確認して、ネット通販で購入するショールーミングも一般化しています。情報の取り込み方が多様化しているので、顧客の購買プロセスは、企業が想定している順番通りに進まなくなりました。

スマートフォンの登場から10数年が経ち、時計や車、家などのモノがスマートフォンやインターネットとつながって、モノもメディアとしての特性を持つようになりました。今、この瞬間にも新しいスマホアプリやオンラインサービスが誕生して、顧客接点の複雑化が進んでいます。

企業間の競争は国内のみならず、グローバルに広がっています。新製品を発売しても、国内外から競合商品が登場して、すぐにそのポジションが奪われてしまいます。機能で差別化できなくなる、商品の「同質化」や「コモディティ化」といわれる状況が短期間に起き、代わりになるモノが無数にあふれる状態に陥ってしまいます。

そして、日本の人口は、すでに減少の一途をたどっています。これから先、個人消費は停滞し、より一層顧客の奪い合いは激しくなるでしょう。

つまり、ゲームのルールが変わったのです。

この環境下で、企業はどのように対応すればよいのでしょうか？

私自身、企業に勤めるマーケターのひとりです。問題の当事者として、何ができるのかを考えました。新しい道筋を見つけるため、２０１４年にマーケティング責任者のネットワークを企画しました。「ＪＡＰＡＮ ＣＭＯ ＣＬＵＢ」という組織です。ＣＭＯとはChief Marketing Officerの略で、マーケティング部署の責任者にあたります。各企業のマーケティング部から、リーダーシップを発揮しているマーケターを招待し、ネットワーク化を目指したのです。

ＪＡＰＡＮ ＣＭＯ ＣＬＵＢは、マーケターの集合知をつくり出すことを目的としています。一企業だけでなく、複数の企業を通じて、変化が激しい環境や業界に対して共同で、協力し合ってできることを検討するための組織です。

ＣＬＵＢには、ＡＮＡやネスレ日本、レクサスといった、業界をリードする50社以上のＢtoＣブランドから、マーケティング部のリーダーが参加してくれています。活動の中心となる研究会では、参加企業が自社のマーケティング戦略や方針、顧客との新しいつながり方を共有して、日々アイデアを交換しています。

ＣＬＵＢで扱う重要なテーマとして、カスタマージャーニーを研究しています。顧客の一連のブランド体験を旅に例えた言葉です。顧客がブランドや商品を認知、購買、再購入する段階で、ブランドが提供する接点を行き来する一連の顧客体験のことを、顧客（カスタマー）が旅（ジャーニー）をする姿に見立ててカスタマージャーニーと呼びます。企業と顧客体験の連続によりつくられるカスタマージャーニーは、顧客を中心にとらえた考え方です。

特にデジタル時代になり、消費者行動を理解しづらくなっているという、悩みの声をよく聞くようになりました。変化が激しいからこそ、企業やブランドの論理ではなく、顧客の立場でビジネスやマーケティングを考えなおすことが、カスタマージャーニーの重要な役割となるでしょう。

カスタマージャーニーは、企業や製品、サービスによって、様々な形をとります。ＣＬＵＢでは、企業と顧客の関係性のあり方を1年以上、参加メンバーと議論を重ねてきました。自社の競争力を引き出す上で、企業が設計するカスタマージャーニーがどうあるべきかを検討してきたのです。

本書では、調査から見えてきた、各企業に共通する3つの課題を明らかにしています。さらに、企業のマーケティングを率いるリーダーの視点で、30社のカスタマージャーニーにおける「顧客視点」を解析しました。業界を率いる各社がどのように顧客視点を意識しているのか、各ブランド独自のコンセプトを紹介します。

最後に、自社のカスタマージャーニーを描き、競争力を高める方法を、ステップバイステップで解説しています。描いたカスタマージャーニーを資料化するため、100点以上のアイコンも用意しました。ダウンロードして使えるアイコン集が、スピーディーな資料化を助けます。

さあ、本書を手にとって、オリジナルのカスタマージャーニーを描き、顧客との新しい関係を始めましょう。きっと5年後、10年後にも、「選ばれるブランド」でいるための道筋が見えてくるはずです。

はじめに

CONTENTS

The Customer Journey ［ザ・カスタマージャーニー］

第1章

スマート化がもたらす価値シフト

無意識に浸透したコネクティッドワールド

スマートフォンが登場し、多くの人が手にするようになってから10数年が経ちました。私たちはスマートフォンを通じ、インターネット経由で提供されるサービスや、その上で動く新しい技術の恩恵を、もはや無意識のままに受け入れています。

世界のどこにいても、評判のいいレストランの情報をスマートフォンで検索し、そのままオンラインで予約することができます。予約したお店に向かうときも、GPSによって地図上に表示される自分自身の位置を確認できるので、初めての場所でも簡単にたどりつけるようになっています。欲しいモノもスマートフォンを使って、通販サイトで購入でき、商品の評価をソーシャルメディアで共有することができます。

動画の視聴、決済、検索、ニュースの閲覧など、個人の行動は手のひらに収まる小さな端末に集約されていきました。

そして今、スマートフォンやPCのような通信機器だけでなく、「IoT」(Internet

of Things）と呼ばれる「つながるモノ」が、この世界の変化をさらに加速させています。

ＩｏＴとは、身の回りにある様々なモノに通信機能が組み込まれ、直接インターネットにつながり、モノ同士が相互に通信できるようになる仕組みを意味します。全てのモノが、デジタルでつながる新しいチャネルへと、革新を遂げる可能性を秘めているといえるでしょう。

スマートフォンやモノがインターネットを通じて、情報や人といつでもどこでもつながる世界、「コネクティッドワールド」に私たちは住んでいるのです。わずか10年前と比べても、ライフスタイルは大きく変わりました。

このコネクティッドワールドが生み出した便利な機能やサービスは、目覚ましい進化を遂げています。例えば、つながるベビー服は、赤ん坊の体温や睡眠状態をリアルタイムに把握します。子供の体温が低いと判断すれば、部屋の温度を自動的に調整します。

スマートフォンに話しかけるだけで、家の照明をコントロールでき、外の明るさに応じてブラインドを自動的に調整してくれる、スマートホームも登場しました。つながる自動車は、ドライバーに運転の癖を教えてくれ、安全に運転するためのアドバイスをスマートフォンに送信してくれます。

ＩｏＴの技術は、農業や産業分野にも広がりを見せます。ＩｏＴ化されたスマートなワイン畑は、自動的にブドウに含まれる糖分の量や、土の水分量を検知して効率的な農場運営をサポート。最新技術が、従来からあった産業をも変えようとしているのです。

発展し、進化を続けるコネクティッドワールド。カスタマージャーニーの変化は止まりません。同時に、新しい技術が私たちの生活を今よりも豊かにしてくれるという期待が高まります。

一方で、これらのサービスを提供する企業側から見た時、この変化はどんな意味を持つのでしょうか。

コネクティッドワールドを理解する3つの視点

消費者ニーズを満たすスタイルの多様化は、企業にとっては大きなビジネスチャンスです。同時に技術の進化を背景とする、カスタマージャーニーの変化に対応できなければ、競争から取り残されてしまうリスクにもさらされます。

企業側から見た場合、３つの視点で状況を整理すると、いま何が起きているかをより正確にとらえることができるようになります。

第一の視点は、何がこれからインターネットとつながり、サービスとしてスマート化されていくのかを体系的に把握することです。スマート化する世界の景観を見渡すことで、変わりゆく世界の筋道を予測しやすくなります。

第二の視点は、この技術の進化が起きている背景構造の理解です。

技術を支えるインフラが整備され、それを生かし、人やモノをネットワークでつなぐデバイスやモノが登場しています。さらに、そのモノやインフラをつなぐクラウドやソフトウェアが誕生していく状況の構造的理解に意味があります。

第三の視点は、先に挙げた2つの視点から導き出される、消費者が感じる価値シフトの理解です。「消費」という体験が、デジタル化やスマート化されたモノによってサポートされれば、新しい価値が生まれます。価値観の変化がどうして起きているのか。そして、その変化が企業に与える意味を理解することはとても重要です。

例えば、人に道を尋ねなくとも、スマートフォン上で自分の位置情報を地図で確認すれば、迷うことなく目的地にたどりつけます。これは、GPSで現在位置を正確に把握できる技術の登場により生まれた価値です。この技術のさらなる応用によって、事故を起こしたクルマの位置を保険会社が即座に把握して、ロードサービスの迅速な提供に役立てることもできます。顧客の安全は守られ、サービスの利便性は高まります。

変化を続ける顧客価値の理解は間違いなく、消費者に選ばれ続ける企業であるために、重要なキーとなるでしょう。

スマート化が進む世界を把握する

調査機関であるガートナーは、２０１６年には前年から30％増となる、約64億のモノがインターネットとつながり、２０２０年にはその数は２０８億に達するとの見込みを発表しています。また、ほかの調査機関であるＩＤＣは、２０１９年には、世界のＩｏＴの市場規模は1兆３０００億ドルに達するとの予測を出しています。様々な機関から異なる数値の調査データが公表されていますが、この世界が成長し、劇的に変化するという予測に疑う余地はないでしょう。

つながる世界の全容を把握するには、まずは人に近いところから状況を観察するとわかりやすくなります。次に、車や住宅といった人の周りの環境、さらに住宅を取り囲む街の変化やビジネスへの影響といった具合に、徐々に対象を広げていくのです。最後は産業や工業のエリアまで視野を広げてみましょう。

①「人」を取り囲むスマートなデバイス

スマートフォンやタブレットなどのポータブル端末は、すでに身近な存在です。身に付けられるウェアラブル機器も、特にフィットネス分野ではすでに商品化され、スマート化に向けて研究と開発が進んでいます。ブルートゥースなどに代表されるパーソナル・エリア・ネットワークで、スマートフォンやタブレットとモノの通信が可能になります。

帽子、服、靴、時計やリストバンド、鍵など、人が身に付けたり、持ち運べたりするモノの大部分はスマート化されていく可能性を持ちます。

身近な例を挙げましょう。シリコンバレー発のベンチャー企業Athosは、つながるトレーニングウェアを販売。トレーニングウェアに埋め込まれたセンターは、筋肉の動きを検知して、どの筋肉が効率的に鍛えられているかを分析します。分析結果を瞬時にスマホアプリへフィードバックしてくれるので、トレーニング方法の改善に役立ちます。結果をもとに、プロのトレーナーのアドバイスを受けることもできます。

IoTの応用で広がる、つながる世界

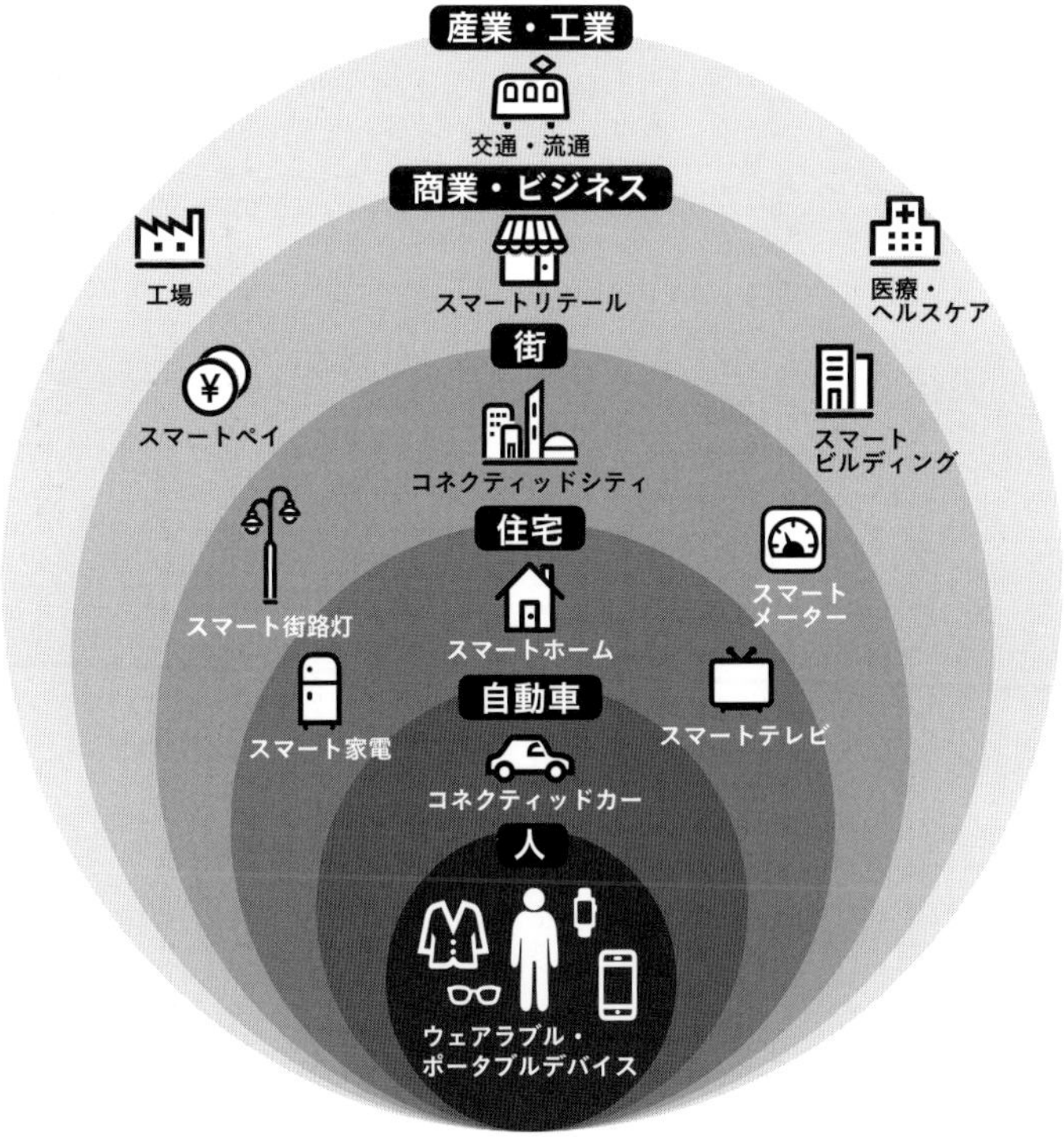

｜ 人に近いところから観察すると、全容を理解しやすい。*1 ｜

ブラウンのつながる歯ブラシ「オーラルB」は、歯磨きの状況をスマホアプリで表示。強く磨きすぎている場合や、磨き残しがある際に教えてくれ、良好な口腔状態を保ってくれます。毎日のブラッシング傾向も記録されるため、その結果をもとに専門家に相談でき、アプリ経由で歯科医の予約をとることもできるのです。

個人の健康管理やフィットネス、ダイエットは代表的なスマート化の分野です。個人の健康管理から発展し、その先にある専門的な治療や医療分野とのつながりが、新しいサービスをつくっていくでしょう。

②「車」が提供するドライバー支援と安全性

車のＩｏＴには、個人の車のスマート化と、タクシーなどの配車を便利にするサービスがあります。その先にある自動運転が実現されていく日もそう遠くはないでしょう。

海外で成長が著しいのは、アダプターを車に取り付けてインターネットと車を接続するビジネスです。サンフランシスコにあるAutomatic社は、コネクティッドカー分野を牽引しています。アダプターによってつながった車は、ドライバーの運転の癖、メンテナンスのお知らせ、エンジンの状態、ドライビングしたコース、手頃な価格の石油スタンドをスマートフォンに表示。運転による安全性や利便性を高めてくれます。

サービスとしては、タクシーの配車サービスが広く知られています。タクシーはインターネットとつながっているので、スマートフォンからどこのエリアで走っているかも把握できます。ワンタップで予約することができるのです。この分野では、ＵｂｅｒやＬｙｆｔなどの海外企業が、ビジネスの成長で目立っています。

③「住宅」はよりスマートに

国内では、住宅のエネルギー管理にフォーカスした家をスマートハウスと呼び、各住宅メーカーや電力会社が力を入れています。海外では、エネルギー管理にとどまらず、家庭内の電化製品や情報家電製品をネットワークでつないで制御し、快適なライフスタイルを実現する住まいをコネクティッドホームと呼び、巨大な市場を形成しています。

コネクティッドホームはいくつものカテゴリで構成されています。スマート家電やエンターテインメント。住宅設備とホームセキュリティ、エネルギー管理などです。

例えば、スマートフォンで再生した音楽の履歴から、ベッドサイドの時計が目覚ましに好みの音楽を流したり、スマートフォンを家の鍵として使用できるようになります。

つながるデバイスを管理するプラットフォームを、アップルはHomeKit、グーグルはNestとして提供し、スマートフォンで管理できるようにしています。各社は対応アクセサリを増やすことで、コネクティッドホームの標準プラットフォーム化を狙っています。

つながる家庭内の家電だけでなく、それらをコントロールするソフトウェア市場も、今後さらなる発展を見せる分野です。

④「街」の暮らしはより豊かに

モノのインターネットの先にあるのが、通信技術を使って、街のインフラとつながるスマートシティです。交通、電気、ガス、水道などのインフラの合理化を進め、街の安全性、行政サービスの利便性向上を図り、より快適な市民生活の実現を目的とした取り組

みが進んでいます

世界ナンバー1のスマートシティと評価されるスペイン・バルセロナでは、多様なプロジェクトに取り組んでいます。

例えば、スマートパーキング。道路に埋められているセンサーが、路上の空き駐車場をスマートフォンに教えてくれます。ドライバーは駐車スペースをグルグル探し回る必要がなくなります。支払いもアプリ経由で行えるので、キャッシュレスです。

スマートな信号灯は、消防車が事故現場に駆け付けるルートを予測して、通過する道の信号を青に切り替えます。救急車両が事故現場に、迅速かつ安全にたどりつけるようにサポートします。

バルセロナ市議会は、都市のデータを公開し、企業や個人がデータを再利用できるオープンデータ化に取り組んでいます。その結果、シェアバイクの利用状況を教えてくれるアプリがビジネス化され、都市の価値を高める新しいサービスや製品が生まれています。街を改善するためのサービスや製品を開発するために、市民も参加できるというエコシステムの観点は、柔軟性が高く、発展を支える取り組みです。

都市のスマート化は、市民の暮らしをより豊かにし、企業も大きなビジネスチャンスを期待できる分野です。

⑤「店舗」での接客はよりパーソナルに

店舗でのスマートな買い物やEコマース、航空サービス、ホテルなどの接客業、多岐にわたってIoTの商用利用は広がりを見せています。

IoTの利用が代表的な、店舗での取り組みとEコマースの例を挙げてみましょう。

店舗内には顧客の動きを感知したり、把握したりするためのWi-Fi、LEDライト、ビーコン、カメラなどが設置されています。センサーが顧客の動きをリアルタイムに感知し解析。位置を計測して、パーソナルな買い物体験を提供するというアプローチが、主要な利用方法です。お店は顧客の動きを詳細に知ることができ、場面や商品に合わせた提案が可能になります。

米国2位の小売り企業ターゲットは、50店舗にビーコンを設置する実験を行っています。顧客はまず、スマホアプリをダウンロードして、オプトイン。店舗から配信されるメッセージの受信を承認します。例えば、ヘッドホン売り場で買い物をしていると、お勧めの商品や割引クーポンが、アプリに表示される仕組みです。店舗内での顧客の位置を把握できるため、今後は、アプリから店員を呼べる機能も拡充されます。

Eコマースの大手アマゾンでは、日用品をワンプッシュで注文できる買い物ボタン、Dash Buttonを展開しています。指サイズの小さなハードウェアで、特定のブランドと紐づけられています。洗剤、飲料、清掃用品など、約30種類のボタンが用意されています。

利用者は、使用頻度の高い製品のボタンを5ドル程で購入します。例えば洗濯機にDash Buttonを張り付けておいて、洗剤が必要になったら、ワンプッシュでお気に入りの洗剤を購入できるという仕組みです。注文の確定はスマートフォンに送られるため、キャンセルも簡単です。

アマゾンは家庭に設置された「つながる買い物ボタン」で、新しい顧客接点をつくり出しています。この例からも、つながるモノがECにとって、新しい入口であることが理解できます。

来店した顧客を把握できるようになれば、ネット通販サイトや商品紹介のウェブサイトで、顧客毎にカスタマイズした内容を反映できます。これからは、どの顧客接点でも、よりパーソナルな接客ができるようになるでしょう。

⑥「産業・工業分野」では安全性が高まり、効率化が進む

インダストリアルＩｏＴの分野は工場、農業、水産、医療など多岐にわたります。

農業での代表的なアプローチは、農場に設置されたセンサーによって土壌や作物の状態を常に把握する「コネクティッドファーム」です。センサーによって取得されたデータは、クラウドに送られて分析、可視化されます。農場オーナーは、スマートフォンやタブレットで作物の品質を管理し、適切な水やりや、収穫の時期を判断します。

また、遠隔操作で水や肥料を与える自動化も進み、人手不足が進む農業で注目されている取り組みです。農業の分野は、人がウェアラブルで健康状態を管理するように、牛や豚などの健康状態をモニタリングするウェアラブル端末の開発も進んでいます。

産業ロボットの例を挙げましょう。ボストン発のRethink Robotics社は、スマートな協働型ロボットを開発し、販売しています。

頭となるモニターには顔が表示され、1本もしくは2本のアームで、人間並みの作業をこなすことができるロボットです。人工知能を持ち、1台で多品種小ロットの生産現場にも対応します。専門的な知識がなくてもロボットにさせたい作業を設定できるので、市場の変化により製品ラインが変わってしまっても柔軟に対応できるのです。ロボットはインターネット

スマート化されたサービスの事例

領域	サービス例	ポイント
人	ウェアラブル・ポータブルデバイス	スマートトレーニングウェアにより、筋肉の動きや負荷をリアルタイムに数値化してスマホに表示。効率的なトレーニングをサポート
自動車	コネクティッドカー	アダプターで車のシステムとスマートフォンアプリを連動。エンジントラブルを検知し、運転時のデータをもとに効率的な運転をアシスト。事故時には自動アラートが機能し、安全でスマートなドライビング体験を提供
住宅	スマートハウス	住宅の電力、家電、セキュリティなどをスマートフォンでコントロールし、省エネ・安全・快適なライフスタイルを実現
街	スマート街路灯	特定区域の街灯の点灯や明るさを遠隔コントロール。犯罪の減少や小売店への来客につなげる
商業・ビジネス	スマートペイ	現金、クレジットカードが不要かつ、スマートフォンで決済。退店するだけのハンズフリー決済など、新しい決済方式のテストが進む
産業・工業	医療・ヘルスケア	血圧、睡眠状態、脱水状態などのバイタルをリアルタイムでモニタリングし、患者の健康状態を把握

につながっているため、ＯＳも自動的に最新のものに更新されます。

大量生産からの脱却を求められる製造業。人手不足や消費者ニーズの多様化に柔軟に対応する、スマートなロボットが製造業界を変革しています。


スマート化へと向かうこの世界は、企業の立場から見ると、何を意味しているのでしょうか。スマート化され、「モノ」と「人」とのつながりが爆発的に増えることは、企業と消費者の間に多くの接点が生まれ、顧客と長期的な関係をつくるチャンスが増えることを意味します。

自動販売機がインターネットとつながるようになれば、そこで「いつ」、「誰が」、「何を買ったのか」を企業は知ることができるでしょう。リアルタイムに取得する状況データがあれば、企業は以前よりも顧客を理解でき、環境の変化も予測しやすくなるのです。

重要なのは、その接点を通じて提供する「コト」や「体験」なのです。つまり、安全に車を運転でき、目的地にたどりつくことができるという体験。ランニングなどの運動データや日々の歯磨きのデータをスポーツジムや歯科医と共有し、健康をサポートする。ゲリラ豪雨の予測精度向上による、安全な待機場所や移動ルートの確保。モノのインターネット化が進む世界では、つながる「モノ」の先にある、新しい価値ある体験が創造されていきます。
もうひとつの側面は、異業種ライバルの出現です。コネクティッドカーがさらに進化し、自動走行が実現すれば、そのアプリケーションを提供するグーグルなどが自動車メーカーの競合となりうる可能性が出てきます。

ここに挙げた例はまだ一部ですが、コネクティッドワールドがもたらす影響は想像できたでしょうか。さらにもっと多くのジャンルで取り組みが進みます。ぜひ、興味を持った分野を掘り下げてみてください。

スマート化の背景構造を理解する

私たちが住む世界は、より便利に、スマートになります。では、そのスマート化に向かう世界では、何が技術を推し進めているのでしょうか。背景を簡単に整理しましょう。

まず土台になるのは、ＩｏＴの実用化を担うセンサーやプロセッサ、つながりを生み出すネットワーク技術の発展です。

人の視覚や触覚などの五感の役割を、デバイスではセンサーが担います。光、加速度、圧力などの変化をセンサーが検知して教えてくれます。iPhoneには複数種類のセンサーが搭載されています。ソニーのイメージセンサーは高画質カメラの機能、ボッシュの圧力センサーはタッチパネルの機能を提供して、電話をスマートな機器へ変身させました。

スマートフォンだけでなく、時計や小型のウェアラブル端末に搭載されるまで、センサーの小型化と省電力化は進んでいます。家電、自動車、ビル、農場など、いたるところに高感度センサーが取り付けられ、センサー市場は急速な成長を遂げています。

高性能プロセッサを搭載しているインテルのEdisonは、切手サイズのＩｏＴデバイス向け小型コンピューターです。無線ＬＡＮとブルートゥースの通信機能を搭載し、コ

スマート化の背景構造

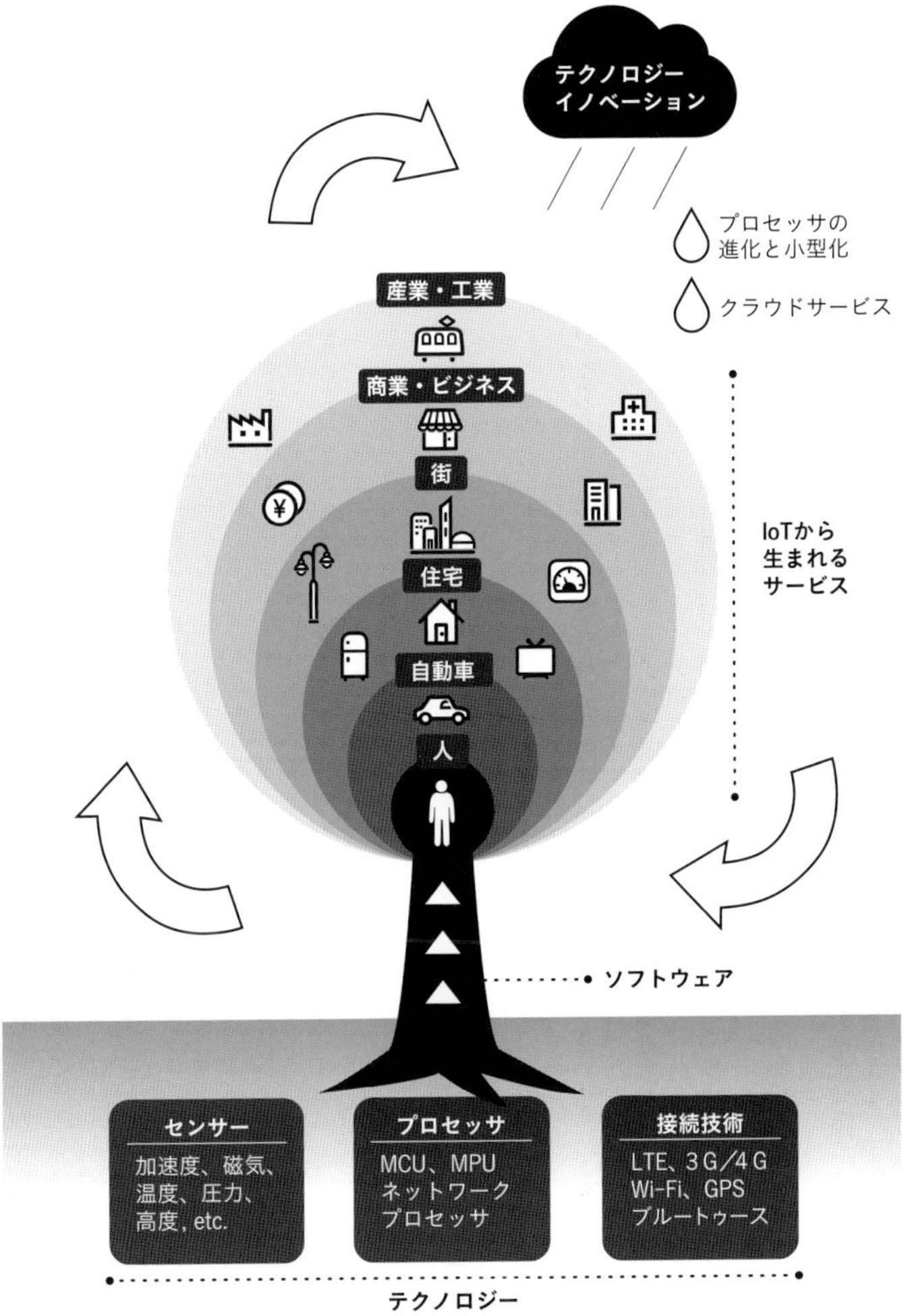

スマート化する世界は、技術の進歩と、それをつなぐソフトウェアに支えられている。*[1]

ンピューターがモノの動きやセンサーを制御します。スマートなモノを開発できる技術の一般化は、メーカーや開発者だけでなく、企業家やクリエイターからの注目を集めています。

モノがインターネットにつながるためには、無線ネットワークが使われます。大別するとつながり方は2種類あります。スマートフォンや携帯電話は3G／4GやLTE、Wi-Fiなどの通信規格を利用して、直接インターネットにつながります。もうひとつは、直接ネットとはつながらず、スマートフォンとつながることで、性能を発揮するタイプです。現在発売されている大半のモノはこの形式をとります。健康を管理するウェアラブル端末などは、Bluetooth Low Energyに代表されるパーソナルネットワークを介して、スマートフォンとつながります。iPhoneとApple Watchの関係を想像すると、イメージがしやすいでしょう。店舗への設置が増えるビーコンも、この通信規格を採用しています。

今後はモノがスマートフォンを介さず、直接インターネットとつながるネットワーク環境の整備が期待されます。

センサーから収集した大量のデータを、企業はどのように活用するのでしょう。ここで登場する技術がクラウドです。クラウドとは、インターネットを経由して、ソフトウェアやハードウェアを利用できるサービスを指します。利用企業は、インターネットへの接続料や利用料を支払うだけで、高度に開発されたサービスを使用可能。自社でサーバーを所有することなく、データを管理することができる上、サーバーのコストや運用費、ソフトウェアの開発コストを削減できます。

ＩｏＴ関連のサービスを提供する企業は、センサーで取得したデータをクラウド上のサーバーへアップします。クラウド経由で提供される分析ソフトを使うことで、高度なデータ分析も可能です。可視化された結果はスマートフォンやタブレット、ＰＣなどの端末で閲覧することができます。その結果をユーザーに届けることで、サービスとして機能するのです。

例えば、ウェアラブルの健康器具メーカーの場合、ユーザーの運動傾向データを記録して、スマートフォンで確認できるサービスを提供しています。このサービスの背後では、データ管理と分析のクラウドが動いて、その結果をユーザーのスマートフォンに表示しているのです。

クラウドサービスとして、データ管理や分析サービス、ソフトウェアの開発基盤など、便利なＩｏＴ向けサービスが多数提供されています。


ハードや通信技術の進歩とクラウドサービスの浸透は、スマートな世界の構築を支えています。スマートフォンやウォッチ、スマートハウス、スマートカーといったつながるモノが新しいサービスを生み出します。さらなる新しい技術の開発と一般化によって、進化のサイクルは循環します。この好循環が「コネクティッドワールド」の成長を後押ししているのです。

企業にとって、省エネ、ローコスト化されるＩｏＴ技術により、自社製品やサービス、その先にある顧客接点を見直すことで、顧客とのつながり方をスマートにできる可能性が広がります。

価値シフトのコンセプト

最初の視点では、スマート化するモノを体系的に整理しました。車、家、店舗など、あらゆる場面で企業と消費者との接点が増え、新しいサービスが誕生します。次の視点では、ハードやクラウドの進化が土台となり、つながる世界が循環して成長していく仕組みを紹介しました。この２つを組み合わせて考える最後の視点では、顧客が求める価値のシフトに触れたいと思います。

これまでは、全ての消費者に対して同じ情報やモノ、コトを標準化した形で提供するやり方が当たり前でした。マスプロダクトやマスマーケティングから、企業はまだ抜け出せていません。ところがスマート化が進むと、一人ひとりに合わせた情報やサービスを、必要なタイミングに合わせて提供できるようになっていきます。そのような時代においては、個々の消費者に合わせて情報やサービスを加工する、カスタマイズ性が価値になります。個人の嗜好や行動をもとにした、パーソナルで、プライベートな体験です。

運動データをもとにした、トレーニングの遠隔アドバイス。自宅の消費量に合った効率的な電力サービス。購入傾向を反映した、ワインのオンラインコンシェルジュ。ワンプッシュでお米を買える買い物ボタンなども考えられるでしょう。

スマート化する世界では、マスプロダクト、マスサービスの発想から、ワン・トゥ・ワンのサービスやプロダクト、一人ひとりに適した貴重な体験に、価値がシフトしていきます。

つまり企業にとってＩｏＴは、顧客への「ブランド・レレバンス」を高めるチャンスを拡大します。レレバンスとは、関連性や適切性を意味します。顧客一人ひとりの行動や趣味嗜好データをクラウドで分析し、複数ある接点を通じて適切なタイミングで、適切な内容のサービスを提供する。このレレバンスを高めやすい環境こそ、差異化の源泉になるのです。

次は、いくつかの海外と国内の具体例を挙げて、この変化していく世界を眺めてみましょう。

Uberが生む本当の価値とは？

Ｕｂｅｒ（ウーバー）は、２００９年にアメリカ・サンフランシスコで設立された配車アプリサービスで、ウーバーテクノロジーズによって運営されています。60カ国以上、３００以上の都市で展開され、創業後わずか6年間で5兆円程の資産評価を形成した急成長企業です。

日本では、２０１４年に上陸を果たしていますが、国内法への対応もあり苦戦しているようです。浸透しているとはいえませんが、世界的には一日に一億回の乗車を提供する規模のサービスに成長しています。

ウーバーのビジネスは、その成長が急激であり、既存のタクシー業界のビジネスモデルを脅かすものになっているため、各国で様々な課題に直面しています。ですが、コネクティッドワールドを理解する上で、大変参考となるヒントを与えてくれています。このウーバーの海外サービスについて、いくつかの観点で解説していきましょう。

まずは利用者、乗客の視点から見てみましょう。

ウーバーアプリでは、地図から迎えに来てほしい場所をタップして、乗車場所を指定します。次に、乗車するタクシーを複数の車種から選択します。普通のタクシーや、上のランクのウーバーX、ハイヤーなどから選び、配車リクエストを出すと、そのリクエストに合った条件の、近くにいるドライバーが迎えに来てくれます。

到着時間や今、車がどこを走っているかという情報もアプリで確認ができるので、「待ち時間がわからない」ストレスからも解放されます。目的地の住所をアプリに入力しておけば、自ら目的地を話して伝えなくても指定の場所へ連れて行ってもらえる仕組みです。パリやロンドン、台湾など、世界中の都市で利用できて、言葉が通じなくても目的地にたどりつけるのです。

最初のアプリ利用時に、クレジットカード情報も入力するので、キャッシュレスで決済が可能です。タクシーの利用後、登録したメールアドレス宛てに、乗車コースが表示されたレシートが届きます。

次は、ドライバーの立場で考えてみましょう。

ウーバーでは、車と運転免許を持っていれば、自分の空き時間に自家用車を使って、ドライバーとして収入を得ることができます。フルタイムでもパートタイムでも自由な勤務スタイルを選択可能です。また、ヒートマップと呼ばれる乗車の需要マップをアプリ経由で入手できるので、どこで車を流せばいいのかわかり、効率的に乗客を拾うことができます。都市部で巨大な企業カンファレンスなどが実施され、需要が高まる時期であれば、ドライバーは平均で1日に700ドルほど稼いでいるともいわれています。

ビジネスの側面ではどうでしょうか。

なぜこのサービスが急激に広まったのか。その背景には、いくつかの海外の都市で、タクシーシステムが崩壊していた事情があります。例えば、アメリカのサンフランシスコでは、街で見かけるタクシーの大半は乗車中で、乗りたいと思ったときに、すぐにタクシーがつかまることは稀です。ましてや通勤ラッシュ時ともなると、その状況はさらに困難を極めます。街頭でタクシーをつかまえることはできず、ホテル前で乗るなどするかタクシー会社に電話をして、配車してもらう手間がかかるのです。

また、タクシーはアメリカにおいて、移民が最初に始めやすいビジネスでもあります。例えば、ニューヨークのイエローキャブドライバーの94％は、アメリカ以外の国籍です。*2 そのため、英語が通じない場合も多く、サービスの安定性に欠けています。

こうした問題の根本的な解決を図るため、ウーバーはテクノロジーで切り込みました。満たされない乗客の需要と、空き時間に運転して稼ぎたい一般ドライバーの供給力を、局地的に満たせるマッチングサービスを展開したのです。このサービスは、乗客とドライバー双方の利用者が増えれば増えるほど、市場原理が働き、より低価格になる仕組みになっています。

「Everyone's Private Driver」というキャッチフレーズが表すように、スマート化したマッチング技術によって実現した、個人とドライバーにとっての特別な乗車と運転の機会を、1日に1億回以上提供できる仕組みがウーバーなのです。

このような確立されたスマートなマッチング技術には拡張性があり、ほかのサービスにも応用が可能です。ウーバーは、構築したネットワークを応用し、ほかの市場にも参入しています。ある場所から別の場所へ乗客を届けるという、局地的な需要と供給をマッチングさせるビジネスで勝負をしているので、都市内における食べ物や荷物のデリバリーを同じ仕組みで展開し、ビジネスの拡大を図っています。

スマートマッチングビジネスが生み出すもうひとつの価値

乗客やドライバーとは異なる側面からも見てみましょう。ウーバーの浸透は、車の稼働時間の共有を意味します。車の稼働率が効率化され、街を走る車の台数が減ると、交通渋滞が緩和される可能性が出てきます。そのため、ウーバーはアメリカで年間３万件以上発生するという人身事故の減少も目指しています。

車の稼働率の効率化は、排気ガスの減少に貢献します。環境の保護につながるという社会的側面からもこのビジネスを見ることができます。ウーバーのビジネスを複数の角度から見ると、スマート化がもたらした、顧客とドライバー、さらには社会や環境にとっても新しい価値を生み出しているビジネスであることがわかります。

顧客接点のシフトで快適な旅を提供する――ANA

航空運輸業界でも新しい技術の活用は進んでいます。すでに指摘したように、デジタル化やスマート化は、企業と消費者の接点を増加させます。全日本空輸（ANA）が属する航空運輸業界では、どのような接点の変化が起こっているのでしょうか。

デジタル化が始まった10年程前、各社が公式サイトを開設し、オンラインで航空券の販売を開始しました。ウェブサイトでは目的地に応じた路線や運行便の検索ができ、店頭や旅行会社以外の販売チャネルとして、利便性を高めました。

スマートフォンが普及すると、オンラインで購入したチケットの情報をスマートフォンに表示させるだけで搭乗できるようになりました。消費者には自身の情報をオンラインで管理できる利便性を提供し、航空会社にとっては搭乗者の情報をオンラインで把握できるメリットを提供しています。

スマート化する時代の変化を受け、ＡＮＡでは、乗客がチケットを購入し、快適な旅ができるようなサポートを行うことで、顧客体験の向上と他社とのサービスの差異化を目指しました。数年前から客室乗務員全員にｉＰａｄを支給し、そこから乗客の情報にアクセスできるようにしています。客室乗務員は、そのデータから、乗客がこれまでどれくらい利用しているのか、過去の利用時にどんなリクエストを出していたのかを知り、いち早く対応が可能に。また、新たに上がった乗客からの声も、その便の客室乗務員だけではなく、社内ですぐに共有できるようになっており、素早いサービス改善にもつながっています。

さらに、搭乗中だけではなく、空港へ出発する前から消費者のサポートを目指し、スマートフォンやスマートウォッチに対応したアプリを開発。チケットの予約・購入はもちろん、空港までのルート検索や、予約の管理、旅行先で使えるクーポンの配信など、「飛行機に乗る」部分だけではなく、ＡＮＡを利用した旅行が快適なものになるようなサービスを展開しています。

スマート化により、それまで運行路線や機体などが主な競争のポイントだった市場から、アプリを活用し、「旅行」という体験そのものを快適にするという新たな価値の提供に成功しています。

顧客変化によって生まれた「ORACAS」というジャーニー——アフラック

スマート化が進む世の中では、消費者が商品やサービスを選ぶ過程も変化しました。消費者の変化に応じて、ブランドを選んでもらうための企業の情報発信、広告戦略も変わってきています。

アメリカンファミリー生命保険（アフラック）は、消費者がどのように商品やサービスを選んでいるのかを調査する中で、ひとつの発見をしました。それは、これまで多くの企業が、採用していた消費者の態度変容モデル「ＡＩＳＡＳ」モデルから、「ＯＲＡＣＡＳ」モデルに移行しているのではないか、という発見です。

「ＯＲＡＣＡＳ」は、Occasion（きっかけ）、Research（調査）、Advocate（推奨）、Convince（説得）、Action（行動）、Share（共有）の頭文字をとったものです。「ＡＩＳＡＳ」モデルでは、広告などのメディアで注意（Attention）を重視していましたが、特に保険というジャンルにおいては、結婚や就職といったライフステージの変化が購買のきっかけになっていました。顧客はそのきっかけから情報収集を開始。口コミを参考に意思決定を行い、自身の体験を口コミとして共有。新しく生まれた口コミは、またほかの誰かの意思決定に影響を与えていくことになります。

この仮説に気づいたアフラックは、これまで大きな予算を投入していたマス広告の方針を改め、強みやメリットを強調するメッセージの発信から、口コミなどの第三者の声を踏まえて比較検討されることを前提としたメッセージづくりへと転換しました。加えて、ウェブサイトとの連携も強化し、サイト訪問者のデータを取得して、消費者の行動分析にも力を入れています。

口コミによって、企業が消費者に情報を届け、選んでもらうプロセスが大きく変わりました。その変化を踏まえ、従来のマス広告を起点に消費者へメッセージを届けるプロセスを見直したのです。

デジタルで究極のパーソナライゼーションを生む――エクスペディア

オンライン旅行マッチングサイトのエクスペディアは、デジタルを中心としたテクノロジーの採用で、創業以来売上げを伸ばし続けています。

エクスペディアは、ウェブサイトに訪問した人の検索情報を蓄積し、そのデータをもとに値下げやほかの候補の提案など、個別最適化を図っています。サイト訪問者一人ひとりに合わせた情報を提供することで利用を伸ばし、利用回数が増えれば、パーソナライズの精度も上がっていきます。

また、ウェブサイトの設計も、日本人の使用状況に合わせて変更しています。日本人は旅行情報の検索に、スマートフォンよりもPCを利用するケースが多く、そうした国による利用者の特性に合わせて、利便性を向上させています。

細かな接点の連続で構成される世界

スマート化によって、企業と消費者の接点の数は拡大します。この変化は、企業が顧客を理解し、新しいサービスがあることを知らせる機会も同時に増えることを意味します。一人ひとりのニーズを細かく、高度に満たす方向へ動いていくでしょう。スマート化する世界は、このサイクルの連続で構成されていくと予測されます。

このサイクルの中で、新しいカスタマージャーニーをつくり出せれば、ビジネスの可能性が広がります。そしてすでに、バルセロナ市やウーバーなどのように、新サービスを展開し、変革の波に乗っている街やビジネスが存在するのです。

この章のまとめ

スマートフォンの登場をきっかけに、世界は、いつ、どこからでもつながる「コネクティッドワールド」へと変化した。

- 「コネクティッドワールド」を理解するためのキーワードは「スマート化」にある。
- 無数の接点において、「価値のある体験」を提供することが大きなビジネスチャンスにつながる。
- カスタマージャーニーを分析し、接点に応じた体験や、顧客一人ひとりに合わせたサービス提供が大事。

＊1　Internet of Things – From Research and Innovation to Market Deploymentを参考にして作成。
＊2　出典：2014 Taxicab Fact Book

第2章

コモディティ化で急速に失われる商品価値

あらゆる企業が直面するコモディティ化

近年、先進国のマーケターが直面する課題に「コモディティ化」があります。私たちの生活や、普段買っているモノに照らし合わせ、消費者の視点からコモディティ化を考えてみましょう。

普段コンビニエンスストアで買うような、缶コーヒーやチョコレートといった食品、ティッシュペーパーなどの日用品は、コモディティカテゴリの商品です。コモディティという言葉は、日用品や生活必需品を意味します。買いやすい価格帯があらかじめ決まっていて、複数の選択肢から選ぶことができます。好みに個人差はあるものの、品質が極端に劣るもの、優れているものという差はほとんどなく、品質が安定したラインナップから購入できます。

コモディティ化とは、あるジャンルの商品を幅広く入手でき、代替品でも対応が可能という意味になります。コモディティ化した商品とは、市場に登場した際は、独自性を発揮していても、時間の経過と共に競争の中で強みが失われ、日用品化してしまった商品なのです。

例えばテレビやPC、カメラや車のような高価格帯で、ハイテク技術が駆使されている製品ジャンルにも同様に当てはまります。PCを選ぶ際も、搭載されているOSは同じですし、機能にも基本的には大きな差はありません。モニターのサイズやメモリ容量、CPUといったものの違いで、処理速度と値段に差がつく程度です。

液晶テレビは、シャープの「AQUOS」が「世界の亀山モデル」として売り出され、市場を席巻しましたが、今ではすでにコモディティ化しています。国内の液晶テレビと海外メーカーの商品を比べても、その画面の美しさに違いを見つけるのは難しいでしょうし、テレビを視聴する上で機能に大差はありません。

消費者の立場でいえば、商品がコモディティ化する状況は、歓迎すべきことです。商品のクオリティはニーズを満たすレベルで平準化されていて、価格帯も購入しやすく、流通経路も整備されているので、いつでも、どの店頭でも欲しいと感じる商品を買い求めることができます。

短命化する商品

では、企業の立場からはどう見えるのでしょうか。莫大なコストをかけて開発した新しいジャンルの商品は、そのコストを回収するだけの利益を出さなくてはなりません。また、市場においてもシェアを獲得し、拡大していく必要があるでしょう。

例えば、糖質ゼロ・カロリーゼロ、という新しいジャンルのビールを市場に投入したとしましょう。自社しかその商品を扱っていない状況では、価格のコントロールは容易です。市場のシェアも取りやすい状況で、消費者への訴求ができます。

しかし、発売から少し時間が経つと、競合他社も市場に参入し、競争相手は増えていきます。当然ですが、後発のメーカーは、先行商品が持っている特徴と大差のない商品を投入してきます。そうなると商品機能での競争は難しくなり、競争のポイントは価格に移行して、販売価格が下がっていきます。

競合の増加は、当然ながらシェアの奪い合いに発展します。獲得したシェアを維持し、奪われたシェアを取り戻すため、新たな特徴を追加した新商品の開発が進みます。こうして、市場における商品の導入から成長、衰退といった製品のライフサイクルは、ますます短くなります。

商品ライフサイクルが短くなると、開発費用は増えますが、その回収にかけられる時間は短くなります。その一方で、機能での差異化は難しくなります。そのため、価格が低い水準でおさえられ、売上の大幅な成長は、期待できなくなります。これが企業にとってのコモディティ化の影響です。

スマートフォン市場で起きたこと

食品や日用品というジャンルではない例を挙げてみましょう。米アップル社のスマートフォン、iPhoneは２００８年の日本市場への参入時に、ソフトバンクが独占販売契約を結んでいました。しかし、２０１１年にＫＤＤＩ、その後ＮＴＴドコモでも取り扱いが始まり、ソフトバンクが独占していた市場は解放されました。

今、iPhoneはどこの通信キャリアでも購入することができます。当然ですが、iPhoneそのものの性能は、キャリアによって差が生まれることはありません。こうした状況下では、家族で契約することで適用される「家族割」など、お得な割引キャンペーンで契約者を囲い込もうとするようになります。こうした構造から、スマートフォン市場もコモディティ化していると理解できます。

つまり、コモディティ化した状況というのは、提供している商品価値が、「Only One」から「One of Them」になってしまうことなのです。

コモディティ化が進む理由

コモディティ化は、なぜ起こるのでしょうか。企業間の市場をめぐる競争が、主な要因のひとつです。その競争を引き起こしているのは、同じ市場に参入している競合他社や、商品やサービスを代替できる別ジャンルの製品の登場も原因となります。

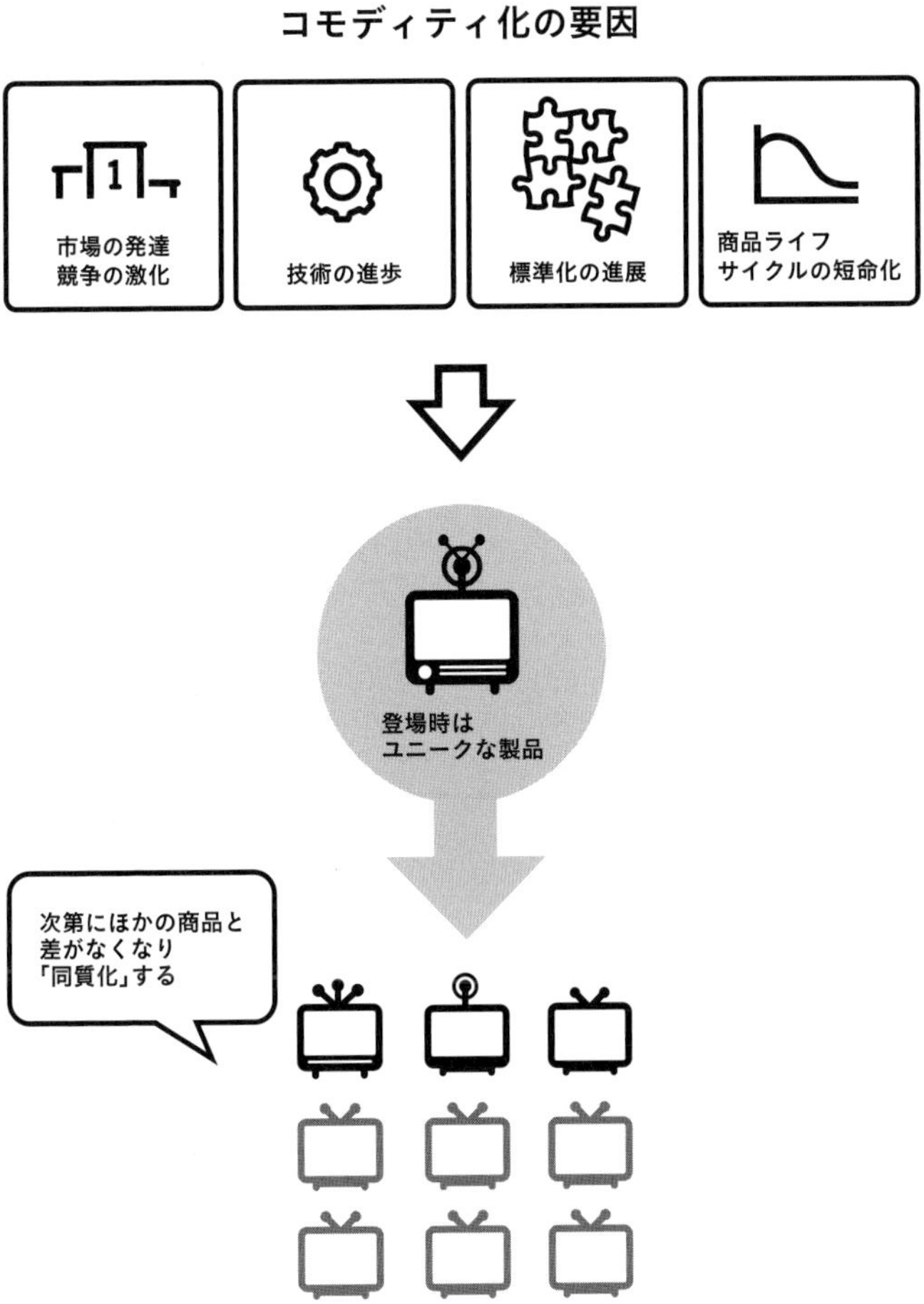

競争や技術の進歩によって、製品は市場参入時における差異化特性を失う。交換や代替が容易になるため市場価値が低下し、どの製品を買っても同じという状態。

代替する別ジャンルというのは、例えば、手軽に野菜を摂取できる手段として野菜ジュースが登場し、競争をしていた市場があります。そこに、野菜の栄養素を含んだサプリメントが登場すれば、ジュース以外に競合する存在が誕生するようなことが挙げられます。

ほかには海外メーカーの新規参入による競合の増加や、原材料コストの差を利用し、価格競争を起こすような事態も考えられます。こうした変化により、製品の機能やサービスのレベルが平準化していき、差異化が難しくなっていくのです。

最終的には、細かいレベルの機能競争や価格競争に陥り、開発サイクルの高速化などによって、製品の提供企業が疲弊する方向へと向かっていきます。これがコモディティ化の原理であるといえます。

では、コモディティ化していく市場において、企業はどこで商機を見い出そうとしているのでしょうか。

まずは、コストを極限まで安くして、安さで打ち勝とうとする方向性。次に、他社商品との違いを押し出して、徹底的に付加価値を訴求していく差異化の方向性。最後が、商品の特定の機能やジャンルに集中し、勝負する市場を絞り込む方法が考えられます。

このように、コモディティ化対策には、３つの方向性が考えられます。ファーストリテイリングの「ユニクロ」が、大量生産のスケールメリットを生かし、低価格で衣料品を提供して躍進したのは「安さ」で勝負をした例です。トヨタ自動車の「プリウス」は、自動車市場の中で「エコカー」というジャンルに絞って勝負を挑んでいる例に挙げられるでしょう。

コモディティ化に対応する企業

本書がテーマとするカスタマージャーニーという文脈では、企業と顧客の関係性を構築するには体験の設計が重要と解説してきました。

コストは生産性の効率化や材料仕入れの工夫が柱ですので、ジャーニーの視点では主に差異化と集中にテーマを絞りましょう。ここでは新しい商品体験を生み出している、３つの事例を検証してみます。

ジャンルを超えたスマート化戦略——フィリップス エレクトロニクス

フィリップス エレクトロニクスは、ヘルスケア、コンシューマーライフスタイル（家電ビジネス）とライティング事業（照明ビジネス）を展開する、オランダのアムステルダムに本社を置くグローバル企業です。なかでもライティング事業においては、世界最大の企業となっています。日本国内においてもライティング事業は売上げの3分の1を占めており、日本最大の企業でもあります。

近年、照明機器はＬＥＤ照明が開発され、価格競争が進んでいます。また製品の基本性能となる明るさでは、大きな差はつきません。まさに市場はコモディティ化した状況にあります。

そこで同社は、単に照明機器を販売するだけではないサービスの展開を検討しました。スマート化する時代をとらえ、ＬＥＤ電球をインターネットとつなぐ「Ｈｕｅ（ヒュー）」を開発したのです。ただ単に明かりを灯す機能だけでなく、照明を、生活に新たな価値を提供する存在にしていくことを目指しています。アプリで操作することで、明るさや色調を変え、利用者の生活シーンに合わせた照明の使い方で、質の高い睡眠、快適な読書、集中できる環境といった価値を提案しています。

フィリップスは、Ｈｕｅによってライティングをスマート化し、照明機器を通じて消費者に新しい価値を提供して、コモディティ化からの脱却の糸口を見つけました。

顧客接点ごとにストーリーを打ち出す――カゴメ

カゴメは、「野菜生活１００」や「トマトジュース」などの野菜ジュースを主力商品としています。同社の「野菜ジュース」は、「健康食品」というカテゴリで、乳酸菌飲料や豆乳など、他ジャンルの商品との競争に直面しています。

こうした環境下にあって、同社は野菜ジュースを飲むことで得られる健康価値の理解を深めることに注力しています。安心・安全な原料を使用していることはもちろん、トマトが健康にどんな効果があるのかを訴求。野菜ジュースそのものの価値を上げ、市場を拡大することで、自社商品を選んでもらう機会を増やそうとしているのです。

また、コアなファン育成のための工場見学や、健康価値のPRにつながるスポーツの場面などでのコミュニケーションといったように、価値の伝え方にも工夫をしています。東京マラソンではランナーへのトマトの提供や、「ウェアラブルトマト」といった話題性のあるプロモーションを行い、様々なシーンで野菜の健康価値を訴求しています。

カスタマージャーニーの視点を用いることで、どこに自社の顧客がいて、何を求めているのか、見落としている接点はあるか、という想像力が働きます。その結果、ユニークな施策を設計できるようになるのです。

一眼レフにシフトし、「コト」重視の方向に —— オリンパス

オリンパスはカメラやオーディオ、医療機器などの精密機器の製造販売を行っています。カメラの事業においては、長年コンパクトカメラを中心に展開をしていました。し

かし、競合との差異化が難しくなり、さらに携帯電話やスマートフォンのカメラ機能が向上したことで、市場そのものが縮小してしまいました。

同社はここで、コンパクトカメラだけではなく、一眼レフカメラ市場へ注力する戦略をとりました。コンパクトカメラは、基本的に単体でカメラ機能が完結しています。そのため、一度販売すると、追加で付属品を購入する機会は発生しません。一方で一眼レフカメラは、レンズ交換も可能です。撮影に慣れてくると、レンズや三脚などの付属品の購入機会もあり、顧客との継続的な関係づくりが期待できます。

一眼レフカメラのように本体が高額だと、最初に購入する際のハードル上昇につながります。同社では店頭で商品に触れ、機能を理解してもらう体験イベントを通じて、そのハードルを下げることを目指しました。使い始めると、より撮影の腕を向上させたい、良い写真が撮りたいという気持ちが芽生えるものです。レンズなどの付属品に対する購入意欲が上がるので、プロカメラマンによるレクチャーの機会も体験に加えています。

オリンパスは、コモディティ化が進み、さらに別ジャンルの商品が市場を脅かし始めた分野での競争に見切りをつけ、新たな事業への転換を図りました。そこでは商品の特徴と、消費者の購買行動を分析し、「体験」を重視したコミュニケーションで成果を上げています。伝えたい価値をどのように表現すべきかを、カスタマージャーニーをもとに考えた結果が「体験」の重視だったのです。

コモディティ化という課題は、あらゆる業界の企業に共通しています。この対策のためには、商品開発という観点に加え、マーケティング施策により、新しい価値を提供できるポイントの発見が重要となります。

この章のまとめ

コモディティ化が進展し、商品ライフサイクルの短命化が大きな課題になっている。

- コモディティ化は、「Only One」の商品が「One of Them」になってしまうこと。
- コモディティ化が進むと異業種企業が参入しやすくなり、既存の競合以外のライバルも登場する。
- 商品の機能性以外での価値創造が、差異化のポイントになる。

第3章

人口減少で変化するマーケティング

人口減少が引き起こす課題

すでに様々な議論や調査が展開されているように、日本の人口はこれから減少の一途をたどります。厚生労働省の所属機関である、国立社会保障・人口問題研究所の調査によると、日本の総人口は２０１０年を境に減少に転じ、年間30万人を超えるペースで減り続けています。２０２０年には、２０１５年から２００万人以上減少した1億２４００万人

65歳以上の高齢者の割合が拡大

国立社会保障・人口問題研究所「日本の将来推計人口」をもとに作成。

となり、33年後の２０４８年には1億人を割ると予測されています。

人口減少と共に少子高齢化も進み、世代別では0歳から14歳までの人口が減少し続けるのとは対照的に、65歳以上の人口は２０４８年まで増え続けると見られています。わかりやすく表現すると、日本の平均年齢は２０２０年に48歳、２０５０年には53・４歳になると予想されているのです。

こうした傾向をマクロ経済の観点から見ると、労働力の減少、首都圏への人口流入の問題が指摘されています。では、マーケティングに与える消費者の変化としては、どのような影響が考えられるのでしょうか。

ここでは2つの例を挙げてみましょう。

人口が減少し、少子高齢化が進むと、食料消費量が減少します。食料消費が多い食べ盛りの若年層が減り、食が細くなる高齢者が増えれば、食料の需要に影響するでしょう。人口の減少は、食事の回数の減少も意味します。この事実は、食品業界にとっては市場規模の縮小につながります。

食品業界以外でも同様の課題が考えられます。それは個人の購買力の低下です。人口減少により、日本のＧＤＰが低くなると共に、労働力の減少が引き金となって、日本全体の購買力低下が懸念されます。

少子高齢化と人口減少は、消費者行動に変化をもたらします。その変化は、企業の提供する商品やサービスに大きな影響を与えるでしょう。企業が提供する商品やサービスに価値を見い出してくれる人が相対的に少なくなるからです。

ではブランドは、現時点でどのようにこの変化に対応し、準備しているのでしょうか。コンビニエンスストア業界第２位のローソンと、トヨタ自動車が展開する高級車ブランド、レクサスの例を見ていきましょう。

「マチのほっとステーション」から「マチの健康ステーション」へ――ローソン

２０１３年、ローソンはブランドのキャッチフレーズを変更し、これまでの「マチのほっとステーション」から「マチの健康ステーション」としました。その背景にあったのは、高齢化社会に対応する店舗づくりを目指した変革です。ローソンは今、「健康」をキーワードに、「ミールソリューション」と「セルフメディケーションサポート」をコンセプトにした価値の提供に取り組んでいます。

ミールソリューションとは、栄養バランスの良い食事の提供や、添加物削減やアレルギー対策を意識した商品を通じて、安心・安全を提供することです。セルフメディケーションは、医薬品の取り扱いなども含め、食以外の場面でも「困ったときに立ち寄れる場所」を目指す取り組みです。

近年、高齢化社会の進行によって、小売店の商圏は年々、狭く小さくなっています。高齢になると、徒歩圏内で買い物の用事をすませます。自宅から離れたスーパーマーケットやデパートに足を向けるよりも、身近にたくさんあるコンビニエンスストアで、買う傾向が強まってきています。

つまり、これまでは若者向けの需要を満たし、成長してきたコンビニエンスストア業界が、ターゲットを高齢者にも拡大。新たな市場を見つけ出そうとしているわけです。

店頭での販売以外にも、食品・日用品や医薬品の宅配サービス「ローソンフレッシュ」、日用品や化粧品など、通常の店舗よりも品揃えを増やした「ヘルスケアローソン」を展開。薬剤師が常駐し、健康相談も可能な「ファーマシーローソン」など、食へのフォーカスだけでなく、より幅広くトータルで健康をサポートするサービス展開にも力を入れ、攻勢をかけています。

カスタマージャーニーとしては、ターゲットとサービスの幅を広げて、顧客接点全体を広げようとしているといえます。

ライフスタイル訴求でブランド接点を広げる —— レクサス

レクサスは、「INTERSECT BY LEXUS（インターセクト・バイ・レクサス）」というコンセプトショップを東京・表参道で展開しています。カフェとレストランを併設し、レクサスがブランドの世界観と親和性があると感じてセレクトした音楽、食事、インテリアやグッズなど、ブランドを体感できる場所になっています。そこを訪れるのは、ビジネスパーソンや近隣に立ち並ぶブランドブティックのスタッフ、学生など、実に様々な人々です。

自動車市場は人口減少と共に縮小していくことは避けられません。二人以上の世帯における、1000世帯当たりの自動車所有台数は減少しています。この傾向は今後も続くでしょう。

そこでレクサスは、ブランドを幅広い世代へ向けて訴求することを始めています。今後、より市場規模が縮小し、顧客の獲得が難しくなったときに、ブランドの価値を正しく理解し、認知している世代を増やしておく。そのためにクルマだけではなく、クルマを通じた複合的な展開の可能性を今から模索しています。

カスタマージャーニーの観点から考えると、レクサスは高級車なので、直接的なターゲットは限定されています。しかし、通常ではブランドとの接点がないものの、将来購入の可能性を持った層とも接点をつくり、ブランドの浸透や認知、イメージを早い段階から醸成する戦略をとっています。

未来を見据えた戦略

少子高齢化、人口減少という問題は消費者そのものの減少を意味し、衣食住プラスサービス業においても大きな影響が出てきます。

この課題をいち早く認識し、いくつかの企業では将来のシェア獲得のために、ターゲットや顧客接点の拡大を目指したチャレンジを始めています。顧客が著しく減少していく未来において、自分たちの企業の価値をどこに見い出してもらうのか。そうした視点で企業やブランドのコンセプトを見直し、サービスや接点における施策を考える上でもカスタマージャーニーは重要になります。

この章のまとめ

人口減少が引き起こす、需要の減退がマーケティングの課題に。

- 人口減少、少子高齢化で市場のパイ自体が縮小していく。
- ローソンでは「健康」を切り口に、高齢者を含めた市場開拓を目指している。
- レクサスではクルマに関心の薄い、若年層とも接点をつくる取り組みに力を入れている。

第4章

マーケティングのチャレンジと期待

スマート化で激変する世界

ここまでの章で、「スマート化」、「コモディティ化」、「人口減少」という3つの現象により、顧客の価値が大きく変化している状況について述べてきました。改めて、この変化をまとめてみましょう。

スマート化する世界では、いつでもどこでも人・モノ・情報がつながることによって、新しい価値が生み出される現状がわかりました。東日本大震災後、エネルギー問題が取りざたされる中で注目される「スマートホーム」は、家庭内のあらゆる家電をインターネットに接続することで、エネルギーの利用量を最適化する仕組みです。スマート化を象徴するひとつの事例といえるでしょう。

モノのインターネット化（ＩｏＴ）を取り入れた商品・サービス開発は様々な企業で進んでいます。これまでメーカーは、商品を販売してしまえば、そこで顧客との関係は途切れてしまうのが通常でした。しかし、ＩｏＴをはじめとするスマート化が浸透すれば、商品購入後も顧客の利用動向を把握し、つながり続ける関係づくりが可能になります。

つながることで企業が得られるデータをもとに、消費者にとって有益なサービスを開発できれば、モノの機能を超えた新しい価値の提供もできるのです。

コモディティ化が示すチャレンジ

コモディティ化する市場においては、急速に商品の価値が失われていきます。プロダクトライフサイクルが、極端に短命化しているともいえるでしょう。こうした環境下で従来型のマーケティング活動、特にマスプロモーションを中心にしていては、投資効率の低下から逃れることはできません。ですが、多くの企業では競合他社との厳しいシェア争いもあり、なかなか従来のマス広告をはじめとするプロモーション投資から脱却できない課題を抱えています。

では、どうすれば他社とは質の異なる商品や体験を、連続して市場に投入し続けられるようになるのでしょうか。そこで必要となるのは、これまでの発想を打ち破るイノベーションです。技術革新によって、これまでにない機能を持った画期的な新製品を市場に投入できればよいのでしょうが、コモディティ化している環境では、それは非常に難しくなります。現代のコモディティ化を打ち破るイノベーションの方向性のひとつが「戦う土俵を変える」、もしくは「新しい土俵を自らつくる」ことなのです。

例えば、カルビーの「フルグラ」は、市場自体が頭打ちになっていた「シリアル」市場ではなく、新しく「グラノーラ」という市場を創出。売上げを大幅に拡大させています。「フルグラ」は、1991年から販売されているロングセラー商品(当時の商品名は「フルーツグラノーラ」)ですが、マーケティングでイノベーションを起こし、コモディティの壁を脱却することに成功しています。

新しいカテゴリを創出すれば、これまでとは違う新しい「質」の軸を打ち出せるのです。

人口減少で何が起きるのか

すでに日本の社会は、人口減少に転じています。現在は、まだ増加を続けている東京においても、オリンピック・パラリンピックが開催される2020年をピークに減少に転じることが予測されています。

時間の経過と共に人口が少なくなることで、自社の商品やサービスに価値を見い出してくれる人や、購買してくれる顧客が急速に失われていきます。日本の場合には高齢化も進んでいるので、食品メーカーにとっては、市場のパイが確実に縮小に転じるといえるでしょう。

人口減少による市場の縮小は、ビジネス存続に大きな疑問を投げかけます。これらはマーケティングにも多大な影響を与える事実となっています。

「つながり」「質」「量」でシンプルに考える

スマート化、コモディティ化、人口減少、一つひとつの問題に対応するだけでも難解です。それが3つも同時に企業に押し寄せているとなると、どう対応していいものか、途方に暮れてしまいます。

まずはそれぞれの現象をもう少しシンプルに読み解いてみましょう。スマート化、コモディティ化、人口減少の根幹にあるものを端的にいえば、「つながり」、「質」、「量」の3つの価値変化になります。

スマート化する世界では、消費者は常につながり、いつでもどこでも情報を入手でき、モノやコトを評価して、比較ができます。その結果、商品を購入するときの意思決定や購買のタイミングは、消費者側がコントロールすることになります。企業にとっては、いつどこで、何を通じて顧客とつながり、他社と差を生むかがポイントとなります。つまり、「つながり」=顧客接点上の競争が起きているのです。

影響と変化の輪

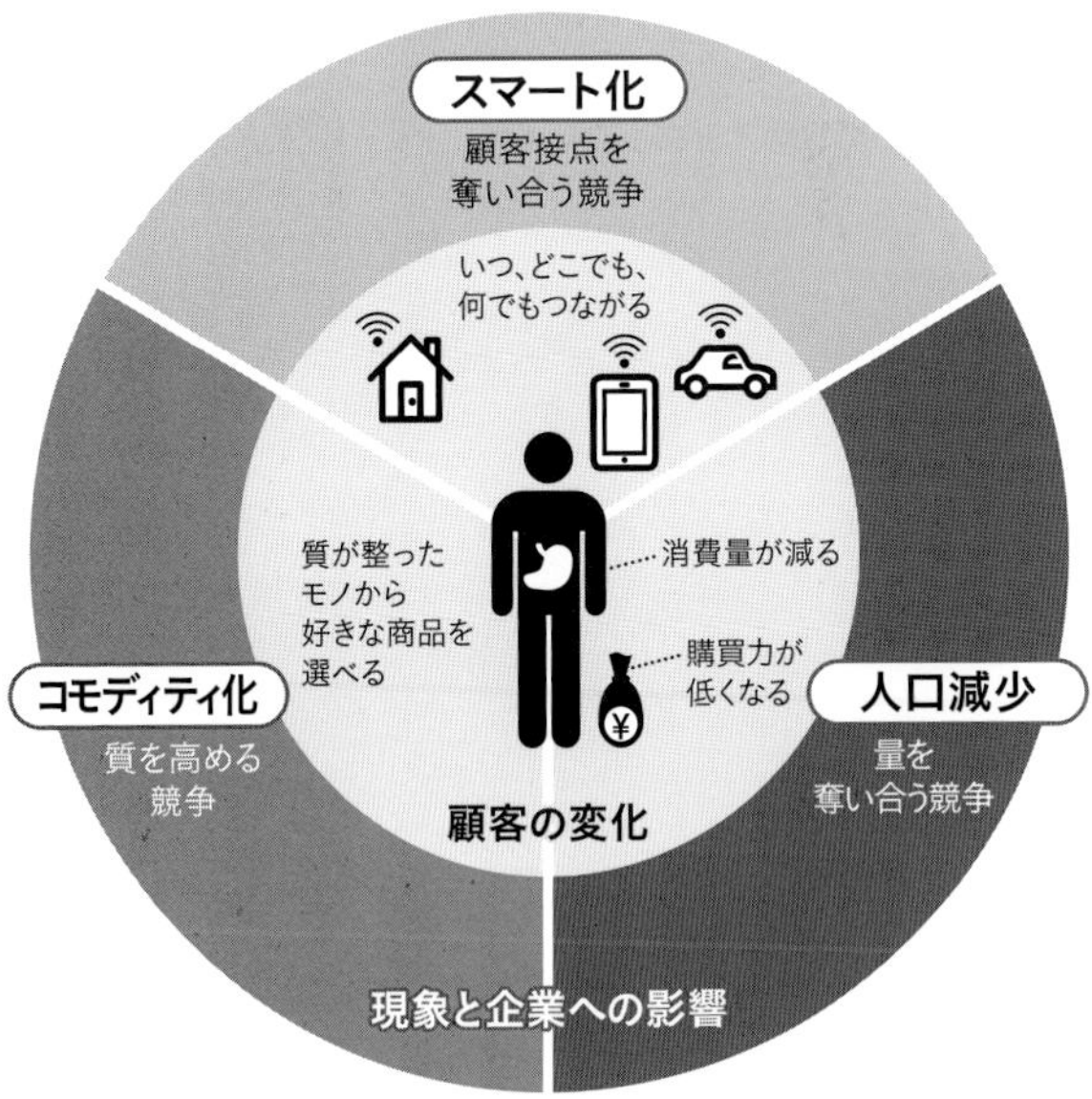

｜「つながり」「質」「量」の軸で見ると、顧客の変化が、複数の競争状況をもたらしている。｜

コモディティ化する市場では、多くの製品が市場に投入され、競争が起きて、製品ライフサイクルが短くなります。企業にとっては、製品の品質において、他社と差を生み出さなければなりません。これは「質」の競争です。これを消費者の視点で見ると、自分に合ったモノを質が整った製品群から手軽に購入できることを意味しています。

人口減少社会では、総体としての購買力が落ちます。消費者は、ますます質のいいモノを必要な数だけ買いたいと考えるようになるでしょう。企業は減っていくパイの中で、「量」を奪い合う競争に直面します。

「つながり」、「質」、「量」の側面で見つめ直してみると、顧客を中心に種類の異なる3つの競争が起きているとわかります。

新しい価値を生み出す

「つながり」、「質」、「量」の競争下において、消費者が感じる価値別への対応を考えてみましょう。

「つながり」の競争において、目を向けるべきは消費者の時間です。限られた時間の中で大量のメディア、デバイスに接する消費者に、それでも「つながりたい」と思ってもらえる価値をいかにして提供できるのか。ＩｏＴなど、技術的に企業と消費者がつながれることと、消費者につながりたいと思ってもらえることは、全く別です。

スマートフォンの浸透を受け、企業がオリジナルアプリを制作するケースが増えました。しかし今、あなたのスマートフォンにはどれだけ、企業発のアプリが入っているでしょうか。つまり「つながり」の競争においては、その企業とつながることで提示される価値の創出が争点になっていくのです。

さらに、24時間３６５日つながっているスマートフォンの影響で、消費者が企業のメッセージを受け取れる時間の網目は細かくなりました。起床時、通勤時、ランチのタイミング、災害時など、あるコトが起こる瞬間や、分単位で決めた時刻を設定すれば、消費者と瞬時につながれるようになっています。

例えば、8章で詳述する三越伊勢丹ホールディングスでは、従来型の集客手段である折込チラシだけでなく、リアルタイムの情報発信を目指し、SNSの活用などを志向しています。つながるタイミングによって、新しい価値を生み出せる環境に変わってきているのです。

2つ目の「質」の競争とは、端的にいえば差異化です。王道の戦略としては、機能や味、コンセプトなどに差をつけて、他社とどのように商品が異なり、優れているのかをアピールする活動があるでしょう。

しかし、それだけでは厳しい競合との争いからの脱却は困難です。そこで、イノベーションを起こして、自ら新しい〝土俵〟をつくり出し、これまでにない「質」の評価軸をつくってしまうアプローチが注目されます。

「量」においては顧客ターゲットを見直し、販売対象をボリュームゾーンへシフトしたり、商品の提供方法を見直したり、より多くの顧客を獲得できるようにアプローチ方法を調整します。

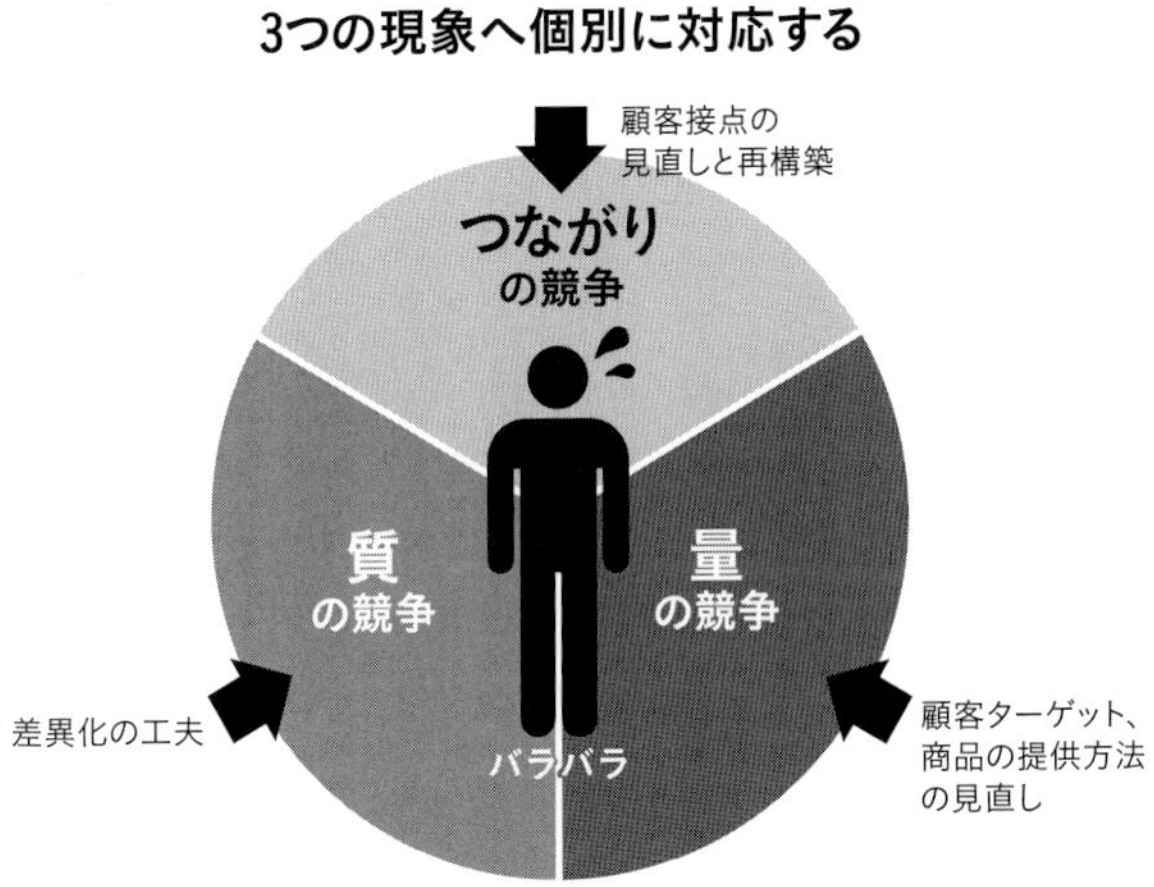

｜ 顧客体験に混乱をきたし、新しい価値も生まれない。｜

上の図は、3つの大きな変化を、競争の軸からシンプルにとらえ直してみたものです。これらの変化を個別で見ていくと、打ち手は明確なようでありながら、統一性は生まれませんし、新しい価値も生み出しづらいからです。

ではマーケターは、この価値変化をどのように認識して、対処すればいいのでしょうか。

ここで提案したいのは、「つながり」、「質」、「量」を総合的に合わせて考える視点です。これにより新しい戦略の方向性が見えてきます。

今、企業に求められているのは「質」の

3つの現象を合わせて考える

「質」と「量」のバランスを「つながり」でとることで、
顧客体験が向上する。

良いモノを必要な「量」、必要なタイミングや購入しやすい経路で提供し続けることといえます。これまでの世界を席巻してきた大量生産、大量消費の考えとは真逆の発想です。今、質と量のバランスが消費者から求められています。そしてこのバランスを取るための技術が「つながる」、スマート化していく技術なのです。

つなげると新しい価値が生まれる

先に挙げたウーバーの例を3つの視点で考えてみましょう。つながる技術は当然、乗客とドライバーが瞬時につながるマッチング技術です。マッチングの精度により、「短時間、短距離の乗車ニーズ」を数多く獲得し、質の高いドライバーが「安定した乗車体験」をいつでも提供できるモデルです。

つまり、クオリティの高い「モノや体験」を、必要なときだけ、時間を問わずどこでも提供できる、これまでのビジネスモデルでは満たしきれない顧客ニーズを充足させているのです。「質」と「量」のバランスを取り、スマート化した「つながる」技術が顧客体験を向上している点に注目してみてください。

他のアイデアを挙げて、そこからも可能性を考えてみましょう。コンビニエンスストアの取り組みで触れたように、これからは高齢者の利用が増え、自分たちに合ったものをより狭い商圏内で買うようになります。商品を自宅まで届けてもらいたいというニーズも生まれます。量も大量に必要ではなく、必要なときに少量だけという、オンデマンドのニーズです。

「質」と「量」を「つなげる」視点で考えてみましょう。コンビニエンスストアで買った食品や水などを、冷蔵庫へ入れておきます。スマート化に対応した、中身を感知できる

「つながる冷蔵庫」が、買ったものが消費されたという情報を、「つながる技術」でコンビニエンスストアに通知。顧客側のストックの変化がわかる仕組みがつくれたらどうでしょうか。消費状況がわかれば、いつ顧客に連絡し、購入を勧めればいいのか、適切なタイミングを把握できます。これは仕入れや消費者とのタッチポイントという点でも、優れたシステムになる可能性を秘めています。

昔からあった三河屋さんと同じアプローチで、お客さまの御用をうかがい、必要とされる品物をお届けするスタイルです。全国に5万店以上あるコンビニエンスストアのような業態では、個別対応はこれまで現実的ではありませんでしたが、技術の進化で可能性は広がります。

つながるモノが冷蔵庫であったり、ウォーターサーバーであったり、プリンタであったり、商品の在庫が関係する消費耗品市場では、応用可能性はもっと広がります。もちろん、実際のモノがつながらないケースでも応用は可能です。スマホアプリ経由で顧客の声を聞きやすくする、店頭の声をすぐに社内にフィードバックできる仕組みがつくられれば、同様に機能する可能性を持つでしょう。

スマート化していく世界では、質と量のバランスをうまく取ることができれば、これまでになかった新しい価値を生み出す可能性を持ちます。

マーケターは顧客視点でリーダーシップを発揮する

商品・サービスが消費者の手元に届くまでの過程においては、企業内の様々な部門が関わります。「つながり」が重視される時代に、顧客と接点を持つ部門も従来の店頭やコールセンター、メディアを介してコミュニケーションをするマーケティングや宣伝部門だけでなく、社内の多様な部門に広がっています。インターネットの登場以降、ＳＮＳを通じたダイレクトなコミュニケーションが手軽になり、企業内において顧客と接点を持つ部門が格段に増えているのです。

消費者から見れば、どの部門の誰であっても、「その企業の人」として認識されますが、企業内の組織はそれに対応した連携がとれていないのが現実です。そして私は、つながりが重視される時代に顧客接点を統合的にマネジメントする、その牽引役となるのがマーケターではないか、と考えています。

マーケティング担当者は、テレビ、ウェブサイト、スマートフォン、SNSという、すでにあるチャネルを通じてだけではなく、根本から顧客の価値を見直した、新しいつながり方を意識しなければなりません。宣伝担当が市場に投入される商品を宣伝する、ウェブ担当であればアクセス数を改善するなど、単発のアプローチでは顧客の変化に対応できなくなってきているのです。

つまり、価値変化を反映し、一連の顧客との関係性を考えるカスタマージャーニーの視点を持った、リーダーシップを各自が発揮しなければならないのです。カスタマージャーニー視点のリーダーシップこそが、これからのマーケターのミッションであり、求められるアプローチです。

同時に質と量のバランスをとるためには、スマート化されたテクノロジーの活用が有効です。これらの新しい技術にいち早く接触し、扱うチャンスがマーケターに与えられているのではないでしょうか。

マーケターには、業務や職のあり方をサイロ化させず、どの部署に所属していても、ジャーニーを俯瞰した視点でとらえてリーダーシップを発揮する役割が求められます。これがマーケターに求められる、期待とチャレンジといえるでしょう。

これからのマーケターは、自身の業務の境界線を超えた、より広い視野を持つことが求められています。自分たちの企業やブランドが、どのような価値を消費者に提供しているのか。消費者との接点を意識し、どこでその価値を伝えていくのか。事業を体系的に見つめ、カスタマージャーニーの視点を持った、リーダーとしての役割が、とても重要なものになるでしょう。

この章のまとめ

カスタマージャーニーを体系的にとらえるのがマーケターの役割。

- 「つながり」の技術を使って、「質」と「量」のバランスをとることで、魅力的なブランド体験がつくれる。
- 顧客とのつながりをもとに、新しい価値を考える。
- 顧客接点の総指揮者になれるのはマーケター。

第5章

マーケターの集合知をつくる JAPAN CMO CLUBの設立

日本にCMOは、ほとんどいない

CMOは、2007年頃からアメリカに定着している職種です。ひとりのマーケティング責任者を置き、その個人や事業所でコーポレートからプロダクトまでの戦略や予算を策定していくアプローチです。これをCMOやCMOオフィスと呼んでいます。

ただ海外を見ても、全ての企業にCMOが配置されているわけではありません。例えば、イノベーションカンパニーとして知られるテスラモーターズにCMOはいません。これはカリスマ的な経営者が全てを担っている特別な例といえるでしょう。

日本の場合は、どうでしょうか。かつてCMOという役割は、日本の組織には合わないといわれていました。大量生産、大量消費で成長してきた日本では、マーケティング活動を牽引するのはマス広告が中心。そこに近年、デジタルの部門が加わってきています。その結果、マス広告とデジタル、広告宣伝とEコマースの部署が融合して、デジタル部門を広告宣伝に統合する組織の変化が起き始めています。

広告宣伝の視点をベースとして、デジタルを取り込みながら、結果としてマーケティング全般へと拡張してきたのが日本のスタイルです。日本企業では、広くマーケティング全体を俯瞰する役割が、成り立ちづらい環境にあったのです。

私は「日本にもＣＭＯが必要だ」、「あなたの会社にもＣＭＯを置きましょう」と、主張したいわけではありません。これは、ＣＭＯという役職論ではなく、リーダーシップの話です。リーダーシップを担う部門が広告宣伝だけではなくなっていて、企業はより視野を広げなければならないのです。ＣＭＯや広告宣伝といった部署のネーミングさえも実は問題ではありません。どこの部がリーダーシップをとってもいいと考えています。

重要なのは、顧客の変化を見据えたマーケティング戦略を誰が担うのか。そのリーダーシップを誰がとるかであり、ＣＭＯという枠組み自体ではないのです。

サイロ化されたマーケティング業務

消費者と向き合うマーケティングの業務は、専門性が高いゆえに分業化されています。広告宣伝、商品企画、デジタル、キャンペーン、データ分析…。業務は多様化し、それぞれに対応する部署が存在します。メーカーのように、販売チャネル毎に部署があるケース、コーポレートマーケティングのように、組織横断的に部署を設けているケースなど、企業とその組織のあり方によっても、マーケティング部の形態は変わります。マーケティングといっても、多種多様な業態、ミッションがあるのです。

この状況を、一歩引いた視点で見るとどうなるでしょうか。自身が企業のマーケティング担当者だった場合を想定して、考えてみてください。

商品を市場に投入するときは、様々な部署と連携をとり、マーケティング活動を統一していきます。部署、組織全体、業界へと視野を広げてみましょう。

部署のつながりから離れると、同業や異業種のマーケターたちと強いつながりを持てていますか。社内外で同じような仕事をしている人々とつながり、お互いに学び合える機会はありますか。自身に問いかけてみてください。

同業、あるいは異業種で同じような仕事に携わっている人たちとつながる機会はなかなかないのが現状です。それどころか、サイロ化された業務に集中しすぎて、外に意識を向ける機会自体を失っていませんか。

業界の垣根を超えて、横や縦に自由につながる機会、学び合う機会が限られていると考える人は少なくありません。

関係を深めるグローバルのマーケターたち

マーケティングは、外部に共有できない情報を多く扱います。守秘義務の制約によって、交流の機会に抵抗を感じるかもしれません。しかし、海外のマーケティングイベントを見ると、関係をつくり出すという点で、日本との違いが顕著に表れています。

ニューヨークやサンフランシスコで開かれるマーケターを対象にしたイベントでは、必ずといっていいほど「ＣＭＯサミット」といった、マーケティング責任者を対象にした特別プログラムが設けられます。参加者が互いに交流を深め、異業種が意見を交わせるネットワーキングの場として機能するのです。

参加者は、マーケティング部門、デジタル部門、新規顧客獲得部門のリーダーなど、幅広くマーケティングという仕事に関わっている人たちです。

異業種、異分野で活躍するマーケターが、最新のトレンドや自社が抱える課題や未来についての議論を交わし、関係性を深めています。こうしたイベントに参加すると、日本との環境の違いに気づかされます。

JAPAN CMO CLUB設立

マーケターのひとりとして、私はこの現状にギャップと疑問を覚えました。日本でも異業種のマーケター同士が横につながり、フェアな関係をつくり、意見を交換できる。互いにアイデアやリソースを持ち寄って、コラボレーションを生み出し、変化が激しい市場に対して同じ目線で向き合える、そんな場がつくれないだろうか…。そんな着想から生まれたのが、２０１４年11月に設立したＪＡＰＡＮ ＣＭＯ ＣＬＵＢです。主催は宣伝会議とセールスフォース・ドットコムです。

宣伝会議は、１９５４年の月刊『宣伝会議』創刊以来、日本において、マーケティングや広告の仕事に携わる人とのネットワークを培ってきました。セールスフォース・ドットコムは、国内外の最新のマーケティングトレンドとテクノロジーに精通しています。両社が協力すれば、日本で活躍するマーケターの人たちが新たな知識を得られ、さらに横のつながりを持ってもらえる場がつくれるのではないかと考えました。

JAPAN CMO CLUBの仕組み

JAPAN CMO CLUBは「マーケターの集合知をつくる」というビジョンを掲げ、主に3つの取り組みを行っています。

・毎月の研究会を開催

・ウェブサイトで研究成果を定期的に発信

（参考：宣伝会議「アドタイ」www.advertimes.com/special/cmoclub/）

・セミナーや公開ディスカッションを通じて、より深い研究成果を発表。

これらの活動の結果、見えてきたことが本書に収録されている内容です。業界をまたいで共通する課題。その課題に対して、それぞれに取り組む各社。100社のつながりを目指し、すでにANA、ネスレ日本、ローソン、森永乳業という日本、世界を代表する企業50社がメンバーに加わり、活発な議論を交わしています。

ディスカッションに次ぐ、ディスカッション

具体的なディスカッションの内容をいくつか紹介しましょう。例えば、ANA、王子ネピア、ネスレ日本、フィリップス エレクトロニクス ジャパンの各社を代表するマーケター4人が集まり、本書のテーマでもあるカスタマージャーニーをどう考えるか、について議論しました。マーケター同士が話し合うと、それぞれの企業のジャーニー紹介やアイデアから始まり、他者のアイデアを拾いながら、自社としてはこういうことができる…と、次々とアイデアが生まれていきます。

マーケターが集まると、お互いの良い部分を引き出し合いながら、顧客視点を中心にして、顧客の体験や感じる価値を高めようという方向に議論が進んでいきます。

研究会は毎回、異業種から初対面の人たちが集まるので、開始当初は議論が盛り上がるだろうか、と心配もしました。しかし、私の心配は1回目の研究会を開催して、杞憂だったことがわかりました。

日頃から消費者と接し、その気持ちに触れているマーケターの皆さんは、業種・業態を問わず、社外に起きている変化に敏感で、かつ高いコミュニケーション力を養っています。常に消費者にとって魅力的な価値を提供するために、真摯に熱意と志を持って取り組んでいる方が多いので、同好の士が集まると、企業の壁を超えた議論が活性化するのです。

研究会で知り合った後、互いの会社を行き来したり、食事に行ったりと交流が続いているという声も多く聞きます。JAPAN CMO CLUB設立半年、1年を経過した際には、それぞれネットワーキングの会を開催しました。この会には約60名のマーケターが集まり、その盛り上がりには主催者の私たちも驚きました。

会は、ただ食事を楽しむ場ではありません。集まったマーケターの皆さんでチームを組んでもらい、当日発表するテーマに合わせたアイデアを議論し、プレゼンテーションをしてもらいました。普段、交流のない業界のマーケター同士がチームを組み、ひとつのテーマに沿って議論し企画をまとめることで、新たなアイデアが次々と生まれていきます。

他チームのプレゼンテーションを聞き、自分たちと異なる発想に触れる経験は、さらなるアイデアのソースにもなったのではないでしょうか。議論を交わす企画を取り入れたことで、より一層マーケター同士が親睦を深めるきっかけがつくれたと感じています。いずれはCLUBの研究会同様、ネットワーキングの場から生まれる異業種コラボレーションも実現するのではないかと考えています。

JAPAN CMO CLUBの可能性

CLUBには、設立から1年で約50社のマーケターが参加しています。ディスカッションの中で、すでに企業間コラボレーションのアイデアも生まれています。実現に向けて具体的に動いている企画もいくつか出てきています。

またCLUBの研究会の場で一緒になっていない企業同士でも、話を聞く中で、同じような課題を持っているケースがあります。直接会う機会を設ければ、アイデアが生まれるのではないかと考える企業については、個別に面会の場をつくってきました。

実際、最初の面会の場から3カ月程でコラボキャンペーンが立ち上がったケースもありました。予算、決定権、実行力を持つマーケティングの責任者同士が集い意気投合すると、すばらしい化学反応が生まれる可能性を強く感じます。

コラボレーションの具体的な取り組みは、次の章で詳しく紹介していきましょう。

この章のまとめ

トップマーケターが集まると、新しい価値が生まれる。

- 日本には異業種のマーケター同士が集い交流し、利害を超えた関係をつくる場が少ない。
- 常に消費者と向き合いアイデアを考えるマーケターが集まると、想像できないような化学反応が生まれる。
- マーケターの横のつながりが、日本のマーケティングを進化させる。

第6章

JAPAN CMO CLUB発
ブランドコラボのチャレンジ

ブランドコラボのアイデア

JAPAN CMO CLUBを設立した目的のひとつが、クロスブランドのコラボレーションの創出です。研究会などの活動を通じて、マーケターが交流して、業界や既存の枠組みを超えたカスタマージャーニーを発見できれば、ビジネスの新しい可能性を開くきっかけになると考えています。

JAPAN CMO CLUBの設立は、あるセミナーで、異業種の2企業がお互いの共通点を発見して、意気投合した場面を目の当たりにした体験がきっかけでした。通常の企業活動では出会う機会のなかったビジネスパーソン同士が交流する場を設ければ、想像を超えたアイデアを生み出す可能性があるのです。

研究会でも、共通の話題について議論を進める中で、新たな気づきや共通点の発見へとつなげるようにしています。また、同じ回の研究会参加企業同士ではなくても、抱えている課題や目指しているものが近いと感じる企業があれば、機会を設けて引き合わせる活動もしています。

ネスレ日本×エクスペディアのコラボレーション

すでにＪＡＰＡＮ ＣＭＯ ＣＬＵＢでの出会いをきっかけに、ネスレ日本とエクスペディアによるコラボレーションが実現しています。２０１５年5月1日から7月12日までの期間で行われた「Great Coffee, Great Travel」キャンペーンです。6月9日と10日には、東京都港区の六本木ヒルズ内大屋根プラザでイベントも実施されました。ネスレ日本・Ｅコマース本部の津田匡保さんに、エクスペディア（AAE Japan）のマーケティングディレクター・木村奈津子さんとのコラボレーションについてお話をうかがいました。

――両社が出会い、コラボレーションにつながったきっかけと経緯を教えてください。

私たちネスレ日本とエクスペディアは共に、ＪＡＰＡＮ ＣＭＯ ＣＬＵＢの研究会に参加していました。それぞれ別の回だったのですが、共通点があるのではないかということで紹介の機会を設けていただいて、２社でお話しすることになったのが出会いのきっかけです。

私たちはコーヒーを中心とする飲料、エクスペディアは旅行と、扱う商品やサービスは全く異なるので、これまで仕事上の付き合いは、ほとんどありませんでした。ところが実際に会って話し込んでみると、両社共に企業としての思いや方向性に近いものを感じました。私の担当は、職場などでコーヒーマシン「ネスカフェ ゴールドブレンド バリスタ（以後、バリスタ）」を無料で使用できるサービス「ネスカフェ アンバサダー」の事業です。ターゲットが働いている人のため、エクスペディアと共通点があります。

エクスペディアは働く人にもっと休暇をとってもらい、旅行へ行ってリフレッシュして、また元気に働いてもらいたいと考えていた、と聞きます。私たちはオフィスで美味しいコーヒーを飲んでもらうことで、気分転換をして、また意欲的に働いてもらいたいと思っています。

一方で、エクスペディアは日本での認知度をもっと高めたいという課題がありました。私たちも、今でこそ「ネスカフェ アンバサダー」や「バリスタ」をたくさんの人に知ってもらえるようになりましたが、まだ深く理解してもらうところまではいたっていません。この両社の課題も、コラボレーションすることでうまく解決に近づけるのではないかという話になりました。

――今回のコラボレーションは、出会いから約3カ月というスピード感を持って実現しています。

私たちのもうひとつの課題として、夏場の需要低下というものがありました。「バリスタ」で淹れたコーヒーでも、氷を入れればアイスコーヒーとして楽しんでいただけますが、コーヒーの需要はどうしても夏場に下がってしまいます。対策として今は、全国各地でイベントを行い、「ネスカフェ アンバサダー」のリクルーティングをしています。話がスタートしたタイミングが、ちょうど夏のイベントを検討する時期でもあったので、それなら早くやろうということになりました。

私たちのイベントにエクスペディアのブランドカラーやキャラクターを加えられれば、人を惹きつける要素にもなります。キャンペーンとしてもウェブサイトでの動きを加えることで、ソーシャルメディアでの拡散など、華やかさも期待できます。両社での議論を進めていく中で、コラボレーションの方向性も固まっていきました。


――実際に行われたキャンペーンの概要はどのようなものですか。またコラボレーションキャンペーンの成果は。


キャンペーンは「Great Coffee, Great Travel」というタイトルで実施しました。

成果としては例年、苦労している夏のリクルーティングにおいて、2015年度は前年比120％程の数字で「ネスカフェ　アンバサダー」への登録が増加しています。この数字はネスレ日本全体の取り組みの結果なので、コラボレーションキャンペーンだけのものではありませんが、キャンペーンとイベントが全体に貢献したと考えています。

私たちとしては、エクスペディア側の課題にどれだけ貢献できたかという点で未知数な部分はあります。ただ、両社共に今回の短期間のキャンペーンで得たものを生かして、また2社で、あるいは別の企業とのコラボレーションにつながれば、認知度も上がっていくのではないかと感じています。

――スピード感のある実施と成果につながったポイントは何だったのでしょうか。

時間をかけずに実施したことで、振り返ると、いろいろ改善のポイントはあったのではないかと感じています。ただ、ある程度規模のある企業同士が「コラボレーションしましょう」と構えると、両社にメリットを出さなければという使命感が強く出てしまいます。そこで考えすぎてしまうと、逆に動きが鈍くなり、うまくいかなくなるケースも多いと思います。今回はどちらかのメリットや、デメリットといったことを深く考えるのではなく、お互いに「楽しそう」、「それいいね」という部分の合意を重視したのが良かったのではないでしょうか。

私自身も、楽しんでできることが、うまくいく一番の秘訣だと考えています。違う文化の企業同士で進めるものなので、意見や見解の違いは出てきます。そこをお互いに受け止めながら、うまく料理できると良いコラボレーションが生まれるのかなと思います。タイミングももちろん重要ですが、やはり違う文化同士の企業で組んだ方が新しいものを生み出せますし、お互いの学びにもつながるのではないでしょうか。

お互いに楽しんで進められたのも、話をする担当者がそれぞれの企業で一定の発言権を持っていたからという面もあります。今回でいえば私や、エクスペディア側の窓口となったマーケティングディレクターの木村奈津子さんがある程度の決定権を持っていたので、スピード感を持って進められました。「持ち帰って上司の決裁を」という担当者同士で進めていたら、ここまでのことはできなかったでしょう。

――文化の違う企業同士のディスカッションは、刺激になりそうです。

本当にそうです。木村さんは非常にエネルギッシュで、旅行に対する熱意やブランド愛を持っている方です。会議に来られるエクスペディアの方も女性が多くて、アイデアの善し悪しの判断など、決断力があるなと感じました。「これがいいね」というときにテンションがグッと上がって、「これでいきましょう」と決められる推進力はすごいものでした。一般的に決断を必要とされる会議になると「誰が決めるか」みたいなところで、時間がかかってしまったりします。決断には勢いも大事な要素だと思うので、今回はその勢いがあったのが良かったですね。これはエクスペディアの皆さんの力によるところが大きいと思います。

会議以外の場面でも、木村さんがアジア全体を担当されているので、グローバルな視点の意見を聞けました。何回か会って立ち話をする程度ではできない深い話ができたと思います。そういう意味では、最終的にコラボレーションが実現しなかったとしても、何かをやろうと決めて、検討して、打ち合わせを重ねるのは良い機会ではないでしょうか。費用対効果的には問題があるかもしれませんが、それだけでは測れない効果もあると思います。

――成功するコラボレーションのカギは何でしょう。

私たちも日々マーケティング担当者として、いろいろな企業の方に会って「何かできないか」、「何かやりましょう」という話はしています。企業同士のコラボレーションとはいえ、最終的には人と人で進めることなので、いかに当事者意識を持ってできるかだと思います。例えば、経営陣で「決めてきたから」と降りてくるものは、「義務」になりがちです。そうなると、担当者同士は事務的になり、うまくいかないことが多いです。

双方の担当者がそのコラボレーションにどれだけの意義があるかを理解して、手を握ることができるかが大事です。私は、ＣＭＯという役割が、それを実現するコネクションをつくる機能を持っているのではないかと思っています。セミナーなどで名刺交換をして「やりましょう」という話になっても、そうしたきっかけが、全て結果につながるわけではありません。その出会いからどれだけ想像力をふくらませて、面白い取り組みを探せるかだと思います。

私たちは今、もっとコラボレーションを進めていきたいと考えています。大企業同士ではなく、ベンチャー企業とも取り組めると良いなと。大企業同士、ベンチャー同士というのは多くありますが、大企業とベンチャーの接点が弱いように感じているからです。

「コラボレーション」というとハードルが高くなって、「お金がかかる」とか「社内をいかに通すか」と、二の足を踏んでしまうこともあるのかもしれません。そこまで固く考えずに、もっと気軽に「何かやりましょう」からスタートしてみても良いと思います。

――コラボレーションを組みやすい商品やサービスというものはあるのでしょうか。

消費者に近い立場のもので、そのときの世間で「ホット」な商材はアイデアを考えやすいと思います。タイムリーな商材は、消費者との接点が近いので、どの企業も消費者と近づきたいと思っている現状では、コラボレーションのメリットを見つけやすいのではないでしょうか。

コーヒーも消費者に近いですし、ここ数年割とホットな商材です。自社のサービスだけで消費者に近づきづらい企業にとっては、コーヒーのような商材は接点として活用しやすいのではないでしょうか。せっかくコラボレーションをしても、消費者から「自分に関係ない」と思われたら意味がない。そういうときに私たちの扱うコーヒーは、便利に感じてもらえるのではないかと思います。

――今回のコラボレーションは、両社が持っているメディアでの告知がメインで、広告宣伝にはそれほどコストをかけていないことも特徴だと思います。

確かにそうですね。私は個人的に、「キャンペーンを打つためにメディアを買う」のは意味がないと思っています。取り組みそのものが面白くて、ユニークなものであれば、メディアの方から近づいてきて、取り上げてくれるでしょう。今回はそういったところでお金を使うことはなく、両社が持っているものだけで周知ができました。

コラボレーションしていることを伝えるときに、「コラボしました」というだけでは自己満足で終わってしまいます。両社のコラボレーションが消費者にとってどんなに良いものなのか。メリットをシンプルに伝えなければなりません。今は消費者がキャッチアップするのが難しいくらいに、多くの情報が流れています。メリットをシンプルに伝えていかないと、消費者も取捨選択できないと思います。

今回は「エクスペディア」、「ネスレ日本」という社名を推すよりも、美味しいコーヒーを飲んで、楽しい旅に行こうということを前面に出したいと考えました。そこで「Great Coffee, Great Travel」という、思いとキャッチフレーズを合わせたものを引き立たせる方法をとりました。もう少し時間をかければ私たちの思いも伝わり、もっとバズメーキングできたのではないかというのが、今後の課題でもあります。

――コラボレーションには共通した「思い」、ビジョンが必要で、異なる企業文化の交流ができるというお話が非常に響きました。

私たちもそうですが、エクスペディアもやりたいこと、消費者に届けたいものがはっきりしています。そこに共通点を見つけることができれば、今回のようなスピード感のある動きにつながると思います。企業の規模が大きくなりすぎると、何をしている会社なのかわかりづらくなる傾向もありますが、担当者が「何をするのか」を明確に持っていれば進めることはできると思います。

加えて、何か社会的な意義、問題の解決につながるような、消費者の心に刺さる要素も必要です。ただコーヒーや旅行を売りたい、ではなく「働く人たちのリフレッシュのため」という目的がないと、人の琴線に触れないし、ニュースにもなりません。

消費者の問題の解決が、マーケティングの根本でもあります。そういうところから検討を始める必要があると思います。コラボレーションも最初は担当者の付加的な仕事として始まるので、いかに熱意を持って、夢を描けるかが大事です。実行にあたっては、それぞれの企業のたくさんの人が集まります。そこでみんなを説得して大きな夢を描くことができれば、費用対効果や組織の煩わしい部分も乗り越えられるのではないでしょうか。

思いとビジョンの重要性

津田さんの話から、コラボレーションには「思い」と共通のビジョンが重要だとわかりました。そして、ビジョンを、熱意を持って実行につなげるためには大きな夢を描けるリーダーの存在が欠かせません。津田さんは、それを可能にするのがCMOの役割なのではないかと話しています。

コラボレーションをきっかけに、異なる文化を持つ企業同士の交流の場が生まれるのもひとつの効果であるとわかりました。共通のビジョンを持った企業が熱を持って消費者の問題を解決しようとしたときに、良いコラボレーションが生まれる。良いコラボレーションはもちろん消費者のメリットになりますし、お互いの企業にとっても良い影響を生み出すはずです。
実際にコラボレーションにつながらなくても、何かを始め、議論を深めることに意義があるという話も興味深いものでした。課題や目的の共通点などにきっかけを見つけ、アクションを起こすだけでも新たな発見はあるのです。パーティーやセミナー会場など、出会いや名刺交換の機会はありますが、その後、実際に会ったりすることは少ないのではないでしょうか。津田さんも、そうした機会が実際の動きにつながることは数パーセントだと話していました。

様々な企業がお互いのカスタマージャーニーを披露し、課題について語り合うことができる、ＪＡＰＡＮ ＣＭＯ ＣＬＵＢ研究会の意義を再確認できるインタビューとなりました。今後も日本のマーケターの集合知をつくり、企業発のクロスブランドのコラボレーションを誕生させるべく、活動を続けていきたいと感じます。

第7章

カスタマージャーニーを実現する組織を考える

顧客接点の「指揮者」とは？

第４章で触れたように、これからのマーケターは、消費者との接点を意識した、価値の提供が求められます。自社の事業を見渡し、カスタマージャーニーの視点を持ってリーダーシップを発揮することが、マーケターの大きな役割のひとつです。

ここで、本書のテーマである「カスタマージャーニー」について、基本的な概念を定義しておきましょう。

カスタマージャーニー

顧客の一連のブランド体験を旅に例えた言葉。顧客がブランドや商品を認知、購買、再購入する段階で、ブランドが提供する接点を行き来する一連のプロセスを意味する。見直しが注目されている理由は、環境の変化により、顧客の行動プロセスが変わってしまったため、企業視点の「商流」では、正しく顧客体験を追えなくなっている。

カスタマージャーニーマップ

顧客のブランド体験を時系列で「行動」、「感情」、「接点」などの観点で可視化した資料。自社の「課題や機会」を発見し、顧客体験の改善を目的とするためのツールとなる。

カスタマージャーニーコンセプト

顧客に対してどのような体験を提供するのか、という基本的な考え。企業が掲げる「顧客理念」が反映される。

カスタマージャーニーを考えることは、顧客視点のマーケティングを実践する第一歩となります。そして、この複雑化するジャーニーを包括的にとらえ、魅力的な顧客体験を提供するために、社内でリーダーとなる存在が必要です。

欧米の企業で、このリーダーの役割を担うのが、マーケティング活動を統合してマネジメントするCMOの役職です。しかし、私は「日本にもCMOという役職が必要だ」と主張したいわけではありません。リーダーシップを発揮する人さえいれば、CMOという役職名にこだわる必要はないからです。

動き始めた、日本のトップマーケターたち

顧客接点は多様化、複雑化しています。ほかの企業にはない魅力的なブランド体験をつくり出す上では、それらの接点を統合し、カスタマージャーニー全体を見ることができる人材、つまりは顧客視点に立って、自社のマーケティング活動を指揮できる人が必要とされているのです。

顧客と接する部門は、マーケティング部門以外にも数多くあることでしょう。私はそうした部門の中でも、マーケターこそが、顧客との接点における価値を生み出すための、「指揮者」になるべきだと考えています。

実際、JAPAN CMO CLUBで日本企業のトップマーケターの方々と話をし、皆さんが、各社のスタイルに合わせたリーダーシップを発揮すべく、新たな取り組みをしていることを知りました。CLUBに参加するメンバーが所属する部門は様々ですが、顧客視点に立って、その指揮者の必要性を感じて、会社を変革しようと取り組んで

いるという姿勢に共通点がありました。

変化する環境に対応した組織づくり

ＣＭＯという役職にとらわれず、顧客視点を持ったマーケティングの実現に取り組む企業はすでにあります。ＡＮＡは、宣伝部とＷＥＢ販売部をマーケットコミュニケーション部という傘のもとに統合しました。ペイドメディア、オウンドメディア、アーンドメディアの３つの接点を、統合的にマネジメントする目的です。ＡＮＡの組織改革は、デジタル時代のマーケティングのあり方を模索した好例といえるでしょう。

ローソンは「マチのほっとステーション」から「マチの健康ステーション」への転換を図り、新しいコンビニエンスストアの事業モデル開拓に取り組んでいます。「健康」というテーマを掲げた転換を進める上で、ローソンでは社長を委員長とした健康ステーション推進委員会を発足させました。関わる範囲や部門が非常に広い「健康」というテーマに、効果的に対応するための組織です。常設の部署ではなく、必要に応じてメンバーが集まり、委員会を置くことで部門を横断した組織づくりを実現しています。新たに部署を設立しなくても、テーマに合わせた組織横断のプロジェクトを設けることでも、柔軟な対応が実現できます。

グローバル企業のマーケティング組織

ＣＭＯという役職が普及している欧米の企業においても、マーケティングの組織は固定ではなく、進化を続けています。

例えばオランダに本社を置くグローバル企業、フィリップス エレクトロニクス ジャパンでは、ＣＭＯという役職を置いていません。各事業部のマーケティングのトップが集まり、合議制で意思決定を行っているそうです。役職を置いていないという意味ではローソンの組織横断の委員会と通じるところがあります。マーケティングのトップが行う合議制の意思決定にCMO的な役割を与えるという方法は、独自性のある取り組みだといえるでしょう。

マーケティング組織のあり方には決して正解などありません。欧米の企業にはCMOがいるといっても、その役割は企業によって大きく異なります。それぞれの企業の事情や社会環境に合わせて、柔軟に変わるべきものだからです。ただし、CMOがどのような役割、形態であったとしても、企業都合ではなく顧客視点に立った、魅力的なブランド体験づくりが重要であることに変わりはありません。

自社の組織や環境に合わせた理想を描き、実現に向けて少しずつでも動き始める…。顧客と日々接しているマーケターに、行動を起こし、牽引するリーダーシップが期待されています。

この章のまとめ

- 顧客と最前線で接するマーケターこそ、カスタマージャーニーの総指揮者になるべき。
- 自社の組織や環境に合った、顧客接点を統合するリーダーシップが必要。
- 日本のトップマーケターは、そのリーダーとなるべく取り組みを始めている。
- マーケティング組織のあり方は多様。正解はない。

第７章　カスタマージャーニーを実現する組織を考える

第8章

30社のカスタマージャーニーと重要な瞬間

研究会を通して見えた課題

2014年11月の設立以来、JAPAN CMO CLUBでは約1カ月に1回のペースで、3〜5社の企業が集まる研究会を開催しています。研究会では、各社のカスタマージャーニーを持ち寄って、議論を深めています。異なる業態の企業であっても、カスタマージャーニーという顧客基点の考え方をもとに議論すると、初対面でありながら毎回、ディスカッションは大いに盛り上がります。

本章ではCLUB参加企業30社の協力を得て、研究会で発表された各社のカスタマージャーニーやマーケティング上の課題、またその課題を解決するための新たな取り組みについて紹介します。第1〜3章で説明した「スマート化」、「人口減少」、「コモディティ化」というマーケティングを取り巻く3つの変化は、ここでの議論を通じて見えてきた各社の共通課題をまとめた考えです。

コモディティ化、人口減少はかねてより、いわれてきた課題です。加えて、消費者のデジタルシフト、さらにはスマート化していく社会にいかに対応し、事業モデルを革新していけるか、各社が試行錯誤している様子が見えてきました。

多くの企業に共通する根本課題とは、「デジタル時代の消費行動に対応したマーケティングへシフトできていない」ことに尽きると思います。

組織の壁を壊し、統合されたブランド体験をつくる

カスタマージャーニーが重要視される背景には、オンラインとオフラインのチャネル混在による、ジャーニーの複雑化があります。そして今、複雑化したジャーニーを読み解き、顧客にとって魅力的なブランド体験をつくり出すことが、マーケターに求められています。「真に顧客にとって、ストレスを感じさせない、魅力的なブランド体験を提供するにはどうしたらいいか」というテーマは多くの企業の課題です。

複雑化したチャネルを裏返すと、課題として表れるのが、接点別に縦割りになっている企業内の組織の壁です。特に顧客と直接接点を持っている、サービス・小売りは店頭スタッフ（アルバイト含む）のマネジメントも含めた体制の見直しが必要とされています。

顧客視点に立ち、顧客満足の実現を考え始めれば、企業の経営や組織自体も見直さなければならないでしょう。この大きなテーマにマーケターがどう向き合うか、前向きな議論が交わされました。

ここでは統合されたブランド体験づくりで、新しい取り組みに挑戦する、全日本空輸（ANA）、TEMPUR SEALY、三井住友カードの事例を紹介します。

また8章で紹介する30社のカスタマージャーニーはいずれも、CLUBで開催する研究会に参加したトップマーケターの皆さんのお話をもとに、協力を得て制作しています。ジャーニーを提供いただいたマーケターの皆さんを社名とともに紹介をしていきます。142ページから紹介する3社の事例は、次の方たちに協力をいただきました。（＊8章に登場する30名のマーケターの方々の所属企業名は、研究会参加当時のものです。）

【取材に協力いただいたマーケターの皆さん】
・全日本空輸（ＡＮＡ）　吉田亮一氏
・TEMPUR SEALY Japan Ltd.　尾澤恭子氏
・三井住友カード　佐々木丈也氏

全日本空輸（ANA）

「デジタル接点が、顧客体験価値をつくる」

ネットの登場で、大きくビジネスモデルが変革した筆頭ともいえるのが、航空業界だ。全日本空輸（ＡＮＡ）でも、国内線の航空券予約の９割弱はＷＥＢが占める状況になっている。ＡＮＡがサイトを開設したのは１９９５年。その後、97年からオンラインでのチケット販売を開始したが、現在では単に航空券を販売する場としての位置づけでは、デジタルをとらえきれなくなっている。

海外市場の売上比率も年々高まっており、グローバル市場ではＡＮＡならではのサービスの質の高さを伝える活動が重要度を増し、マーケティングに特に力を入れる必要が生まれている。それにともない、社内でも「カスタマージャーニー」や「カスタマーエクスペリエンス」についての議論が増え、お客さまの満足をさらに高めるための接点ごとの工夫や取り組みを、日々検討している。

航空会社のサービスを体感する場といえば、以前は搭乗中が主であった。現在は様々なデジタルの接点も広がり、ＡＮＡと顧客を結ぶ、チャネルとしての重要度が高まっている。変化にいち早く対応すべく、ＡＮＡでは２０１２年より宣伝部とＷＥＢ販売部をマーケットコミュニケーション部の傘のもとに統合。トリプルメディアを統合的に活用できる体制を構築し、対応を強化している。

ANA

カスタマージャーニーコンセプト

マーケットコミュニケーションの進化

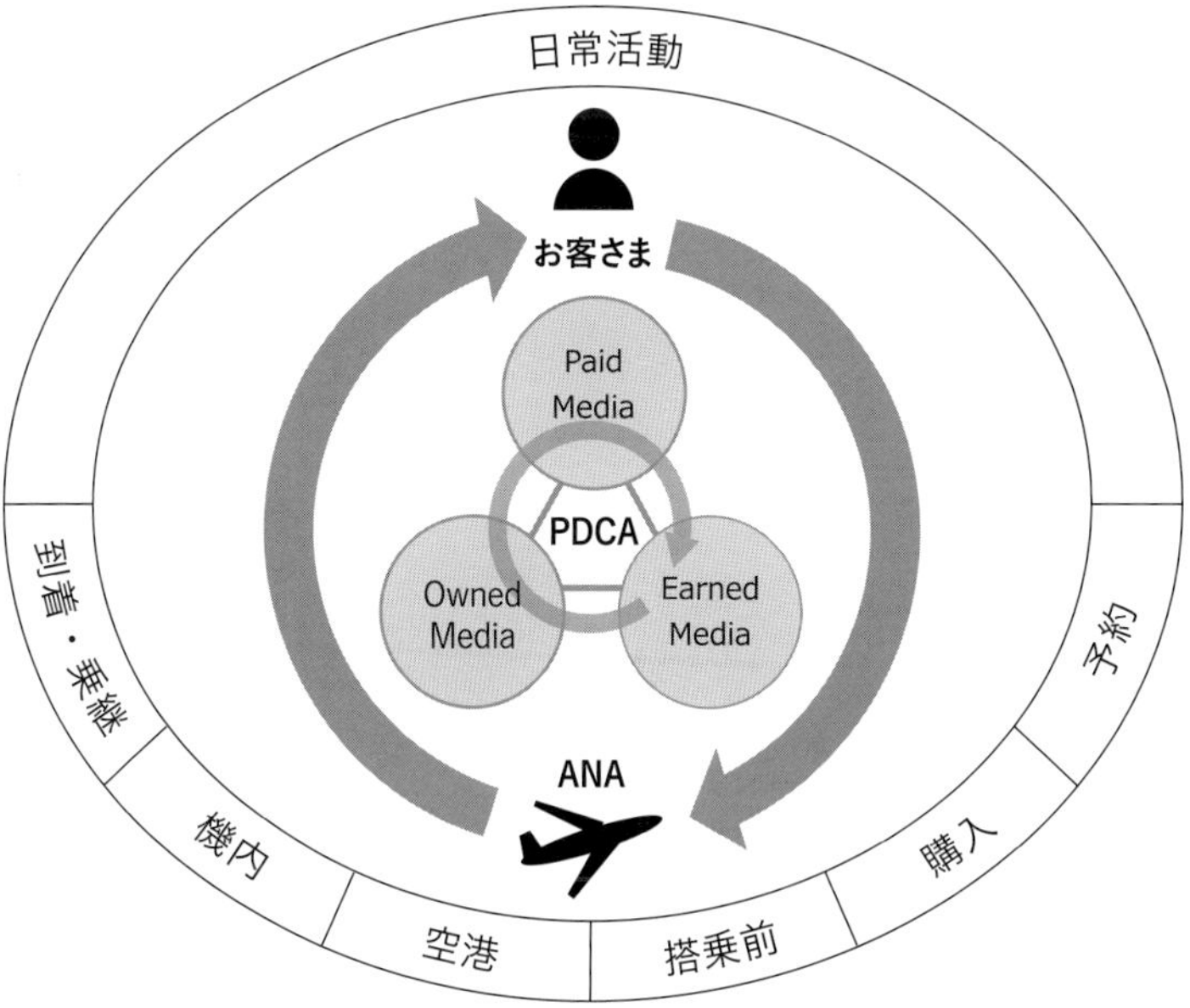

最も重要な瞬間

航空券の予約・購入のみならず、空港・機内から日常生活にいたるまで、ANAとのデジタル接点は広がっている。ウェブ、モバイルアプリ、メール、SNS、デジタル広告等を通じたトリプルメディアでの立体的コミュニケーションを展開。

CASE No.02

TEMPUR SEALY Japan Ltd.

「社員のブランドに対する意識が、戦略の核に」

高品質なピローやマットレスのブランドとして、グローバルで支持されるテンピュール。独自技術・製法に基づく商品だけに、その特性に対する深い理解の促進がマーケティング戦略上、欠かせない。消費者が情報と接する経路は複雑化し、情報収集、購買行動ともに一定の枠組みに収めるのは難しくなっている。そこでテンピュールでは、消費者の行動を蜘蛛の巣型でとらえるカスタマージャーニーを描いている。多岐にわたる各接点で触れる消費者に対し、いかに統一的なブランド体験を提供できるかを重視した戦略をとってきた。

この戦略を実行する上で課題となるのが、広告などのある程度、マーケターがコントロールできる領域以外への対応だ。例えば、テンピュールは販売店で店員から説明を受けて、購入にいたるケースが多い。店頭で消費者と接する販売員や販売店にまずブランドを理解してもらい、ファンになってもらう必要がある。こう考えていくと、販売員と接する自社の社員がどのようなコミュニケーションをしているかが非常に重要になる。対外的なブランディングを考える中で、社員に対するコミュニケーションが大切であるという考えにいたった。

カスタマージャーニーコンセプト

接触回数の増加と統一的なブランド体験の提供が鍵

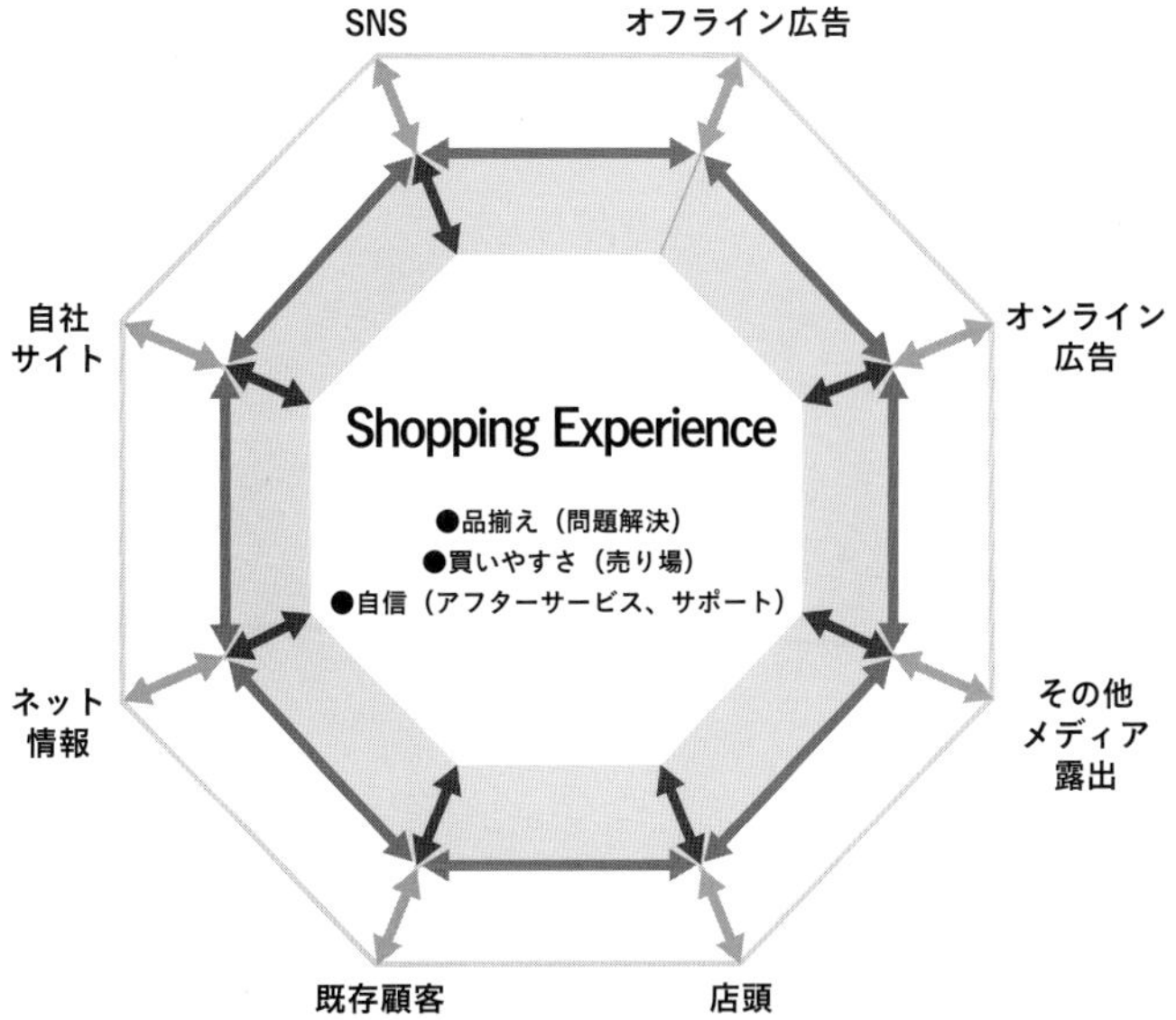

最も重要な瞬間

消費者が情報を収集する経路は複雑化しているものの、店頭で販売員から商品について説明を受ける瞬間が最も重要。家具店などの場合、販売員は自社社員でないため、販売員と接する自社社員のブランド理解がカギとなる。

CASE No.03

三井住友カード

「一生涯で考え続けるカスタマージャーニー」

三井住友フィナンシャルグループに属し、クレジットカード事業を展開する三井住友カード。同社のカスタマージャーニーをとらえるスパンは長期にわたる。クレジットカードを持つことができる18歳から始まり、シニア層にいたるまで、顧客との長期的な関係構築を実現するために、数10年規模のジャーニーマップを描いている。

その長いジャーニーの中で特に重要なポイントが、会員が初めてカードを持つタイミングだ。特にクレジットカードの場合、既存会員がカードを利用する場面で、財布にある複数のカードの中から自社のカードを想起してもらう必要がある。初めてカードを利用するシーンで、お客さまにとっての価値ある体験が、今後のカード利用につながるからだ。また、長期的なカスタマージャーニーの中では、カードの紛失などマイナスな体験も発生する場合がある。そんな時にもタイムリーにコミュニケーションを図ることで、結果的には顧客体験価値を向上させていきたいと考えている。多数の会員と加盟店を抱える同社では、さらにジャーニー思考を強化。会員と加盟店、一人ひとりに向き合ったサービスが実現できるよう、また、相互の積極的な交流が生まれるように、議論を始めている。

カスタマージャーニーコンセプト

Scene.1

初めて顧客が三井住友カードのサービスに触れる瞬間

親切・丁寧に。知ってもらうためのコミュニケーションを実施

Scene.2

初めて顧客に三井住友カードを利用してもらう瞬間

カードを利用したくなる動機とキャンペーンのご提案
（顧客ごとに動機となる魅力は異なるため、細やかな提案が重要）

©Shutterstock

Scene.3

三井住友カードが信頼される瞬間

カードの紛失や盗難などのトラブル時に迅速な対応と顧客フォローを実施

Scene.4

三井住友カードが人生と共に50年間選ばれ続ける瞬間

顧客の期待を超えるサービスを目指し、「安心・安全・信頼」をたゆまなく提供し続ける

最も重要な瞬間

初めて、顧客が三井住友カードのサービスに触れる瞬間。生涯を通じたお付き合いになるため、始まりがなければその後の長い信頼関係は成立しないため。

新規顧客との接点づくりを革新させる

百貨店や飲食店、スポーツクラブなどの商圏を持ったビジネスを行う企業から挙がったのは、新規顧客との接点づくりにおいて、新しい方法を模索すべきという声です。従来、商圏を持ったビジネスを行う企業では、新聞の折込チラシを使うケースが一般的でした。この手段は現在、消費者のメディア接触行動に適していない、という考え方が多くの企業の共通認識です。

こうした課題に向き合うのが、例えば三越伊勢丹ホールディングスです。リアルタイムに需要が起きる「瞬間」をキャッチして、適切な人に適切な告知ができるように、SNSを含めた新しい接点の活用に挑戦をしています。このカテゴリではセントラルスポーツ、モスフードサービスの事例も紹介します。

商圏を持ったビジネスを展開する企業の他には、潜在顧客との新しい接点のつくり方が課題になっています。特に車のような若年層との接点づくりに注力している企業では、新たな取り組みが始まっています。

こちらではトヨタ自動車「レクサス」、ジョンソン・エンド・ジョンソンのベビー向け商材、ソフトバンクのケースを取り上げます。

【取材に協力いただいたマーケターの皆さん】

・セントラルスポーツ　鶴田一彦氏
・三越伊勢丹ホールディングス　久保田佳也氏
・モスフードサービス　齊藤雅久氏
・トヨタ自動車「レクサス」　高田敦史氏
・ジョンソン・エンド・ジョンソン コンシューマー カンパニー　リュウ・シーチャウ氏
・ソフトバンク　内池大輔氏

CASE No.04

セントラルスポーツ

「一人ひとり異なる目的と向き合う」

近年、スポーツクラブ業界には、極端なディスカウントキャンペーンを行う企業が登場した。その影響を受けて、入会時点でセントラルスポーツならではの価値をきちんと理解してもらうための、深いコミュニケーションが求められるようになっている。また、商圏が明確なビジネスだけに、これまで折込チラシが主要なプロモーションツールとして使われてきたが、メディア環境の変化に対応した新しいプロモーション方法も模索している。

サービスの質を強みに、価格訴求で戦わない方針を貫いてきたセントラルスポーツ。入会キャンペーンに際しても、見学や体験入会後の入会率を、ひとつの指標として重視している。

新規入会だけでなく、既存会員の継続率の向上も重要なテーマ。この継続率は、入会の目的とも深く関係している。スポーツクラブに入ろうと考えるきっかけは、人それぞれ。ダイエットや大会への参加など、目標を持って入会した人は、達成段階で退会リスクもあるという。一方で、友達に誘われた人は、クラブ内のコミュニティに対する満足度が高く、継続率も高まる傾向にある。あらゆる年代がターゲットなだけに、一人ひとりの期待の理解が重要になってくる。

カスタマージャーニーコンセプト

	関心・興味	情報収集	比較	検討	入会	継続
接点	チラシ・雑誌 建物 Web サイト イベント 紹介・医師	Web、SNS 口コミ 友人 雑誌特集 テレビ			Web クラブ	クラブ ダイレクトメール 電話 イベント 大会
行動	イベント キャンペーン アウトドア	Web、SNS 口コミ 友人 異業種 同業他社（百貨店・ブティック）		見学 体験	Web 予約 クラブ	新入会 3カ月 1年 2年 10年・20年
思考感情	やむなく 気になっていた 楽しそう 誘われて 探して行く 行かなくちゃ	痩身 筋力 体力 発汗 健康 コミュニケーション	距離 価格 アイテム プログラム サービス 特典	楽に 楽しく 何となく そこそこ ハードに やってみたい	スタッフの対応 クラブの雰囲気 満足度 なってみたい 友達がいる	満足度の相違 達成感 飽き 優先順位
計測課題	認知度 ブランド 立地 人口集積 媒体	建物を見て 体験して 紹介 Web を見て チラシを見て	Web ホームページ ランディングページ アクセス数 アナリティクス スマホ	見学者数 体験者数 紹介者数 Webアクセス件数 チラシ普及率	見学者➡入会率 体験者➡入会率 紹介者➡紹介率 Web件数➡入会率 チラシ➡入会率	退会理由 競合 モチベーション トラブル 健康上

最も重要な瞬間

見学や体験をした人が、セントラルスポーツに入りたいと思ってもらう瞬間。価格ではなく、質で勝負をしてきたスポーツクラブなので、実際に体感しての満足度を重視。

CASE No.05

三越伊勢丹ホールディングス

「異なる3つの時間軸からなるジャーニーで関係を考える」

三越伊勢丹ホールディングスでは、3つの時間軸でジャーニーをとらえている。第一のジャーニーが来店してもらうまで。百貨店の集客手段は折込チラシが主だったが、5000万人以上の会員を抱えるTポイントと提携し、見込み度の高い消費者データを分析。さらに、SNSなどのデジタルチャネルも駆使して、リアルタイムに情報を配信。消費者の嗜好やシーンを反映した、接点づくりを目指している。

第二のジャーニーは、来店後の体験。衣食住、あらゆる商品を扱う百貨店。例え、来店してもらっても、店内で行われている全てを理解してもらうことは難しい。そこでテクノロジーを活用し、一人ひとりのお客さまに合った、リコメンドができる体制づくりを進めている。加えて同社がいま力を入れるのが、店を出た後もつながる関係だ。その場で購入しなかった商品をチェックし、家に帰ってからECで購入できる仕組みなど、店内体験の拡張で、より深い関係づくりを目指している。

そして第三のジャーニーが「人生」だ。例えば、シニアになり足しげく店舗に通えなくなったお客さまにも、旅行や医療などシニア向けの新しいサービス開発を行っている。お客さまの人生、さらにそこから子、孫までつながる関係を目指す。

カスタマージャーニーコンセプト

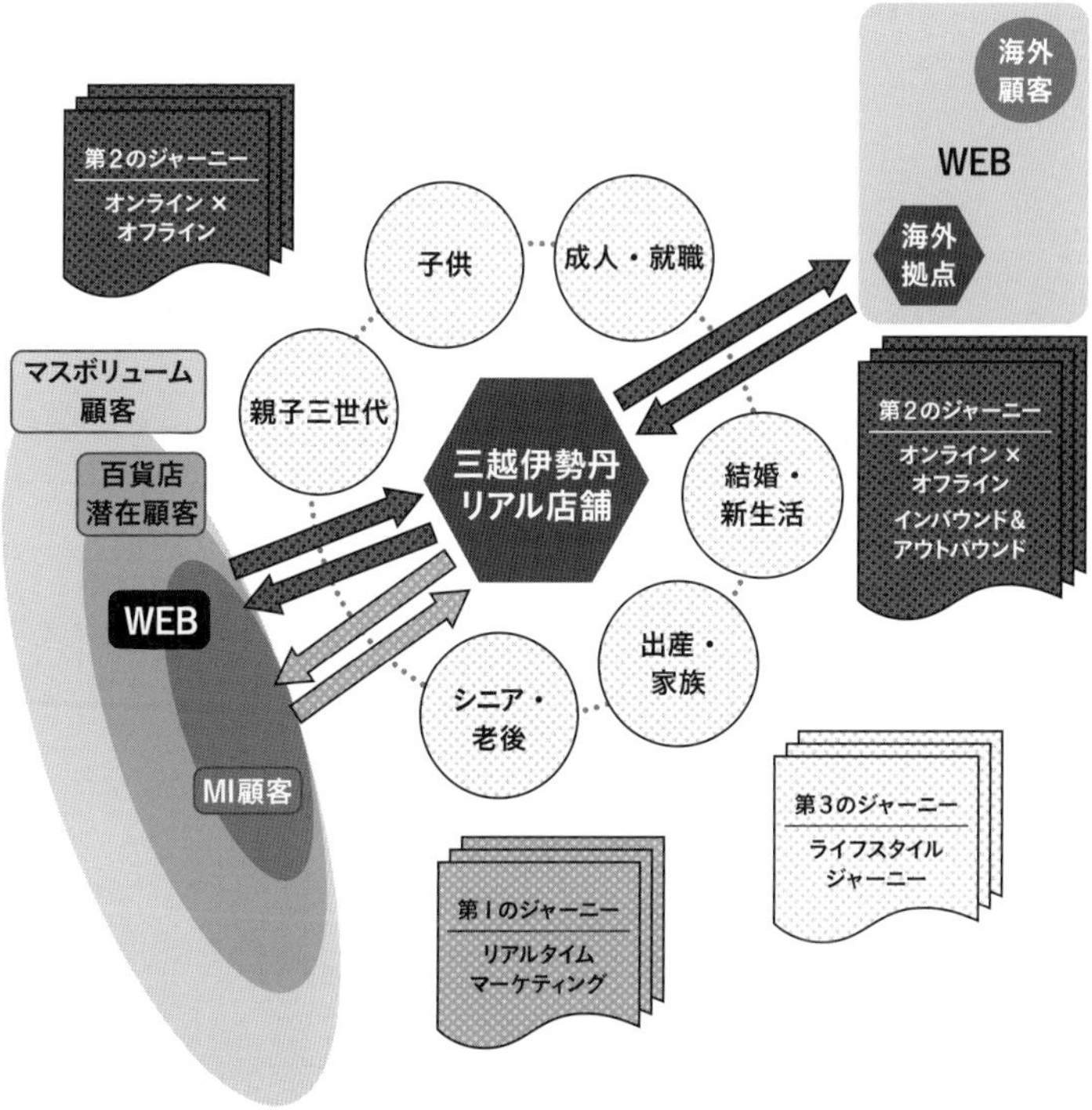

最も重要な瞬間

三越伊勢丹ホールディングスが考える3つのジャーニーの中でも、狭義のジャーニーに限定すれば、来店していないお客さまが興味を持つ「瞬間」。この瞬間をつかまえることを目指し、SNSなどのデジタルチャネルも駆使して、リアルタイムの情報配信を目指している。

CASE No.06

モスフードサービス

「日常の中でブランドに触れてもらう機会を増やす」

モスバーガーでは、年数回実施している全国キャンペーンに合わせて、テレビCMを展開。「モスバーガーの○○商品が食べたい」というブランドを思い出す効果を狙い、来店に結び付ける販売促進策を定期的に行っている。キャンペーンに反応したお客さまが、詳しい商品情報を簡単に入手できるよう、スマホを中心に、モスバーガー公式サイトを2007年から運用強化している。店頭にはキャンペーンと連動した大型バナーを設置し、レジカウンターでも商品訴求を強化して、購入と飲食をうながしている。

「モスバーガーが食べたい」と思ってもらえる瞬間をロスせず、そのウォンツを、いかにマスメディアやウェブで効果的につかまえられるかがキーとなる。2015年2月には、スマホ経由で商品をオーダーできる「モスのネット注文」をローンチした。さらに重要視しているのが、お客さまとの心のつながりだ。モスカードを登録した会員限定で、イベントや先行試食会等を展開。契約農家のトマトを収穫し、自分でハンバーガーをつくるといった体験を提供する。デジタル施策と店舗における日常接点の両方で、ブランドへの共感を意識して増やしながら、来店機会の向上に努めている。

カスタマージャーニーコンセプト

顧客接点フロー

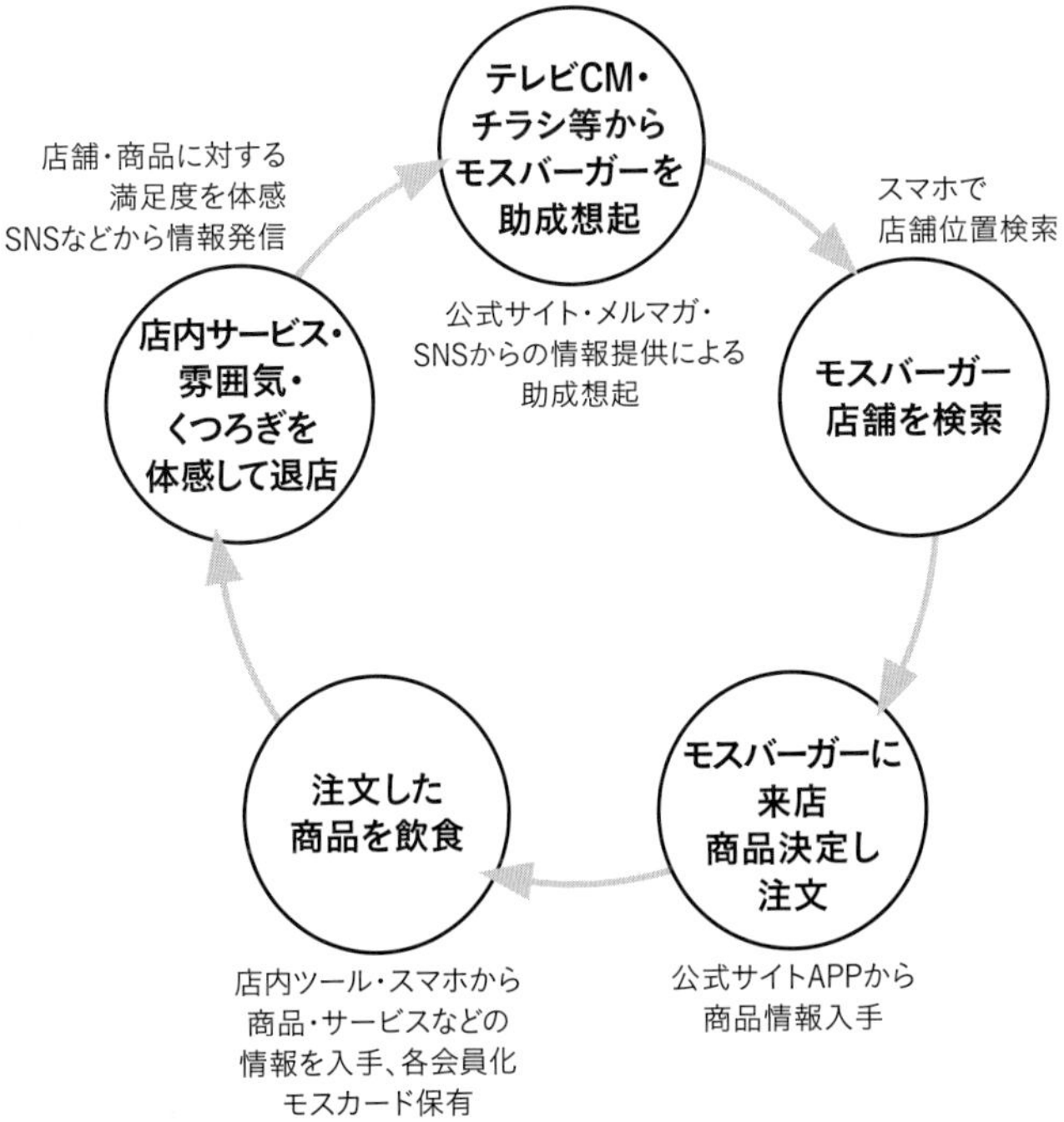

最も重要な瞬間　「モスバーガーが食べたい」と、ブランドを想起してもらう瞬間。

ジョンソン・エンド・ジョンソン

「購入前から購入後まで、長期的な視野で体験を分析」

ジョンソン・エンド・ジョンソン コンシューマー カンパニーの社内では、「パス・トゥ・パーチェス」という言葉を用いて、商品を手に取るまでのお客さまの体験を細かく分析している。何が次の行動のきっかけになったのか、行動の障害になりやすいものは何か。一つひとつ分析しながら、緻密なマーケティング施策を組み立てている。

「認知」のプロセスひとつとっても、ブランドごとに細かく分析をしている。例えば母親が重要ターゲットになる「ジョンソン ベビー」の場合には、実際に子供が生まれる前から生まれるまで、長期でのブランド接点を考えている。

妊娠がわかり喜びを感じる、徐々にお腹が大きくなり、母となる実感を強くしていく。出産が近づくにつれて、具体的に子供が生まれた後に必要な知識や商品に関する情報を集めるようになり、その中で「ジョンソン ベビー」と接点が生まれる可能性が高まる、といった具合だ。母親は信頼のおける情報ソースとして産婦人科の医師や看護師をよく観察しているため、対消費者向けのコミュニケーションだけでなく、医療関係者を対象にしたプロフェッショナル向けのコミュニケーションも重視している。お客さまとブランドの接点をより長期的な視野で見据えることで、これまでにないマーケティング施策の開発につながっている。

Johnson & Johnson
JOHNSON & JOHNSON K.K.
CONSUMER COMPANY

カスタマージャーニーコンセプト

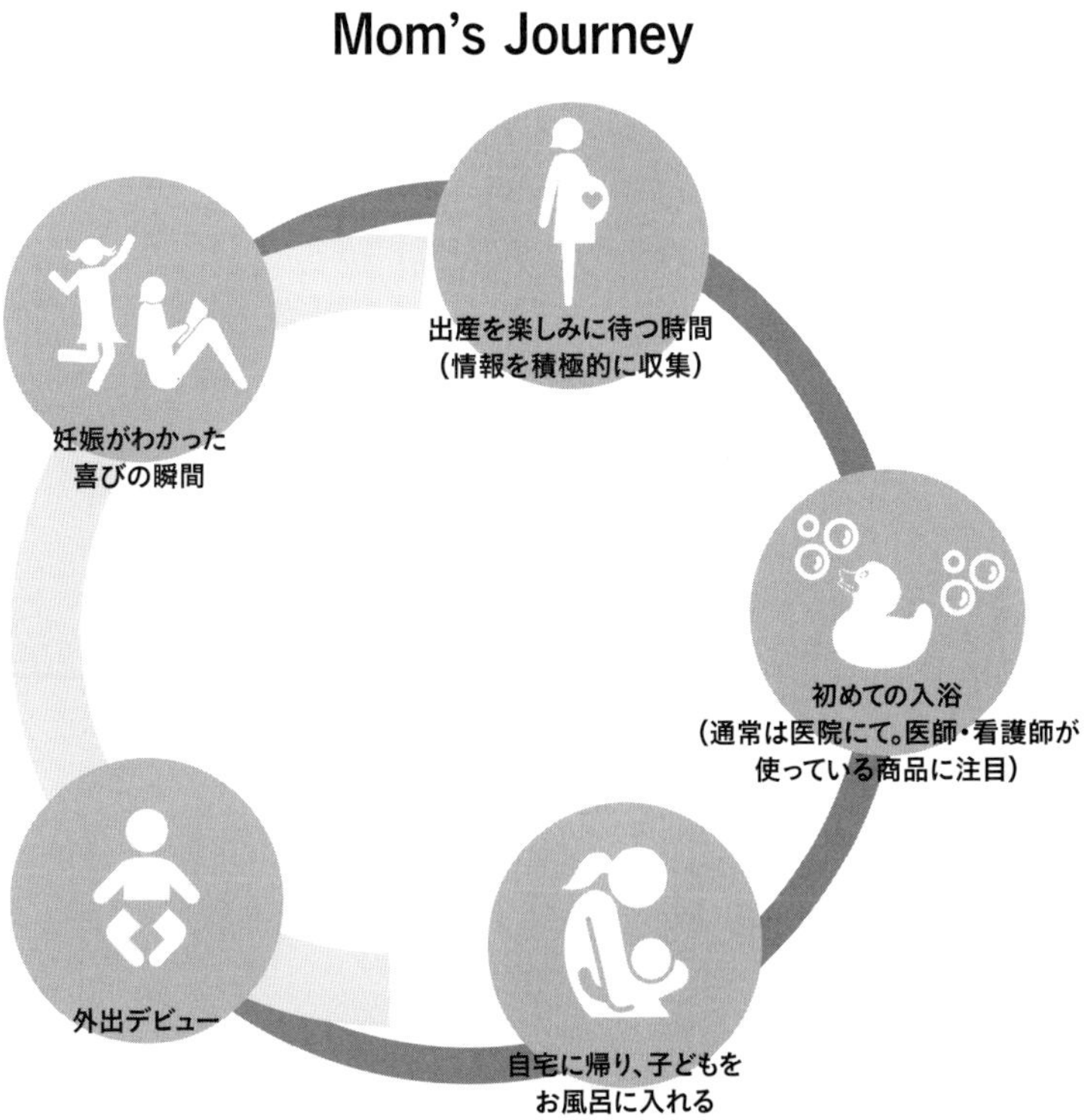

最も重要な瞬間

消費者の日常の中で、ブランドと接点を持ちうる瞬間。購入にいたる前段階も含め、長期的なお客さまの購買行動分析により、これまでにない接点が見えてくる。

CASE No.08

ソフトバンク

「無関心が、関心に変わる瞬間を逃さない」

カスタマージャーニーという言葉は使っていないというソフトバンクだが、契約者がどのような経路をたどったのか、追跡調査をしている。近年、新機種の発売時期など、消費者の買い替え需要が顕在化するタイミングが固定化しつつあるという携帯キャリアの市場。お客さまは日々、携帯に関心を持ち続けているわけではないが、日常の中で興味が喚起される瞬間がある。そのタイミングでテレビＣＭに接触した人が契約にいたるケースが多く、非検討時にも継続的にＣＭを打ち、常に消費者の心の中にブランドが存在するような環境づくりが大事だと考えている。

携帯電話は機能的価値だけでは、戦えない時代になりつつある。それを受けて、同社では常に「何でソフトバンクを選んでもらうのか」を念頭に置きながら企画を進めている。自社だけでできることには限りもあるため、他業種の企業とのコラボレーションも検討。最近はロボットの「Pepper」も話題のソフトバンクだが、その背景には経営理念である「情報革命で人々を幸せに」という考え方が存在する。差別化しづらい市場の中では、企業理念に基づいた構想や次なる展開がますます重要に。そうした中で、現在の市場や業態にとどまらない、時代に合わせた企業理念の実現を考えながら、マーケティング計画を進めている。

カスタマージャーニーコンセプト

心の中にブランドが存在するような環境をつくる

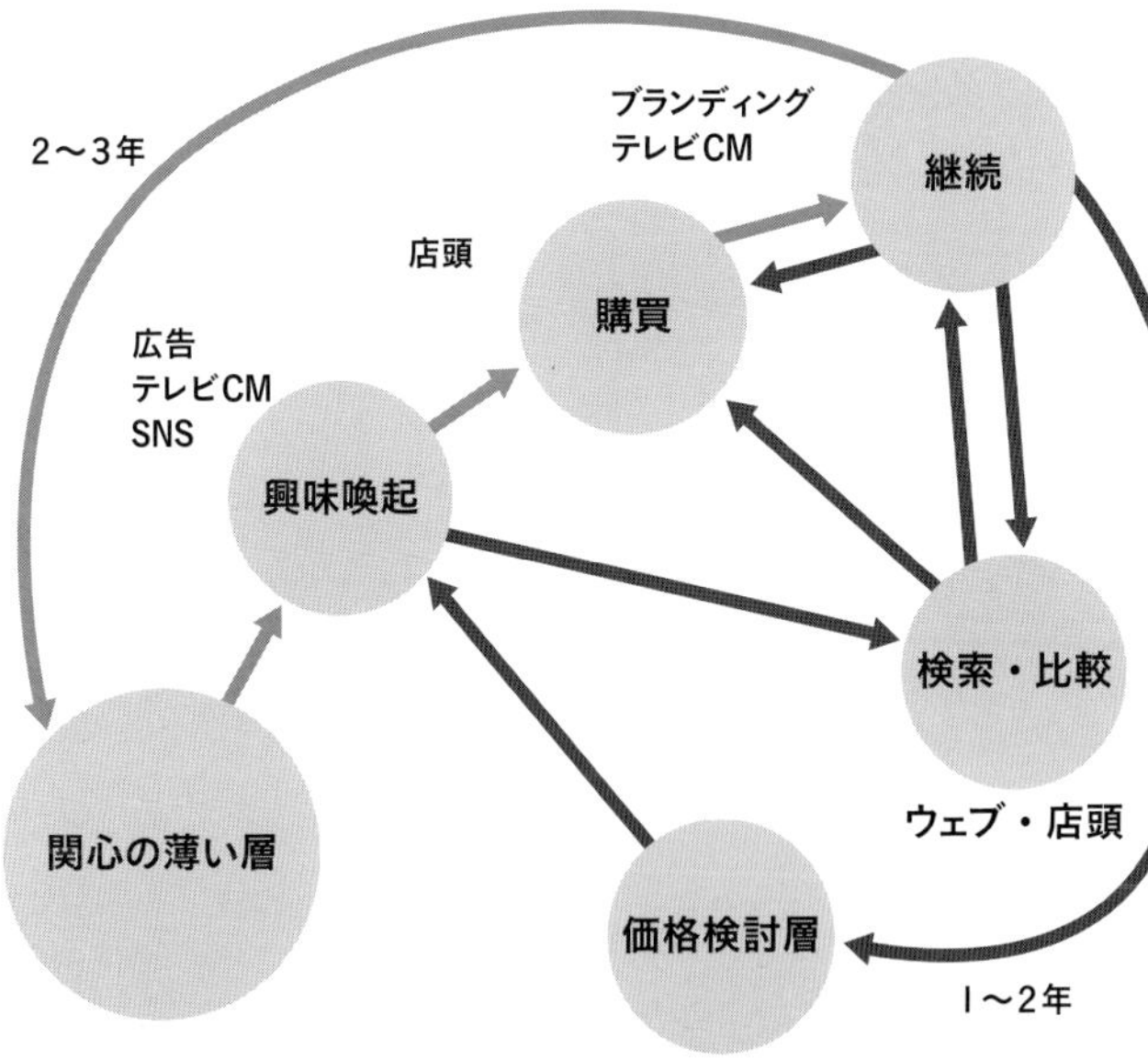

お客さまの携帯電話に対する無関心が変わる時。日常の中で、携帯電話に興味・関心を持つタイミング。

Lexus International（トヨタ自動車）

「ブランドの世界観を発信し、潜在顧客ともつながる」

日本国内の保有台数が、約30万台の高級車ブランド「レクサス」。販売会社は別会社となっており、メーカー側の最大のミッションは、商品開発とブランドのマネジメントになる。特に、新しいお客さまとの接点づくりや販売店への送客のために、ブランドの世界観を発信する多様なコミュニケーションを展開している。

潜在顧客との接点づくりの一例が、２０１３年に東京・表参道に第1号店がオープンした「INTERSECT BY LEXUS」。レクサスが考える価値観を体験できるスペースである。一方、レクサスの販売店にはオーナー限定の「オーナーズルーム」を展開。潜在顧客層への情報発信（INTERSECT）と、既存オーナーへのホスピタリティ（オーナーズルーム）は、レクサスのブランドとビジネスを支える象徴的な両輪である。

レクサスの新しいマーケティング活動は、INTERSECT BY LEXUSだけではない。Lexus Design AwardやLexus Short Filmsといった活動では、グローバルに若い才能を支援する。日本国内では食のイベント（Dinning Out）にも力を入れて、自動車という領域に留まらない活動を行う。クルマ好きに対しては、モータースポーツやドライビングレッスンも、今まで以上に行っている。

カスタマージャーニーコンセプト

新規の接点から顧客化にいたるジャーニー

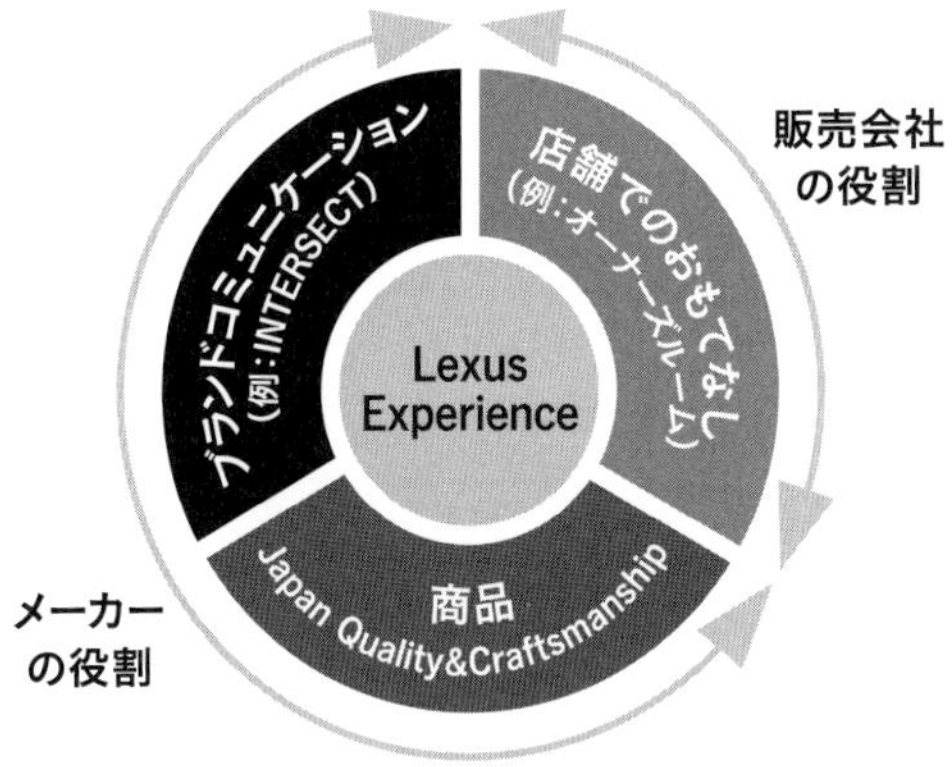

最も重要な瞬間
お客さまがショールームに来店し、クルマに乗り込んだ瞬間。様々な「ブランドコミュニケーション」や、販売店での心のこもった「おもてなし」が商品と一体化し、お客さまの「体験」に変わる瞬間。

既存顧客との関係性を深める

新規顧客との接点づくりは、いつの時代も変わらぬ課題です。しかし、ここに新しい課題が生じています。研究会で語られたのは、「新規顧客獲得に軸足を置きすぎているのではないか」という疑問の声でした。日本人の需要が拡大し続けてきた時代に、マス広告を積極的に活用してきたマスプロダクツメーカー。その時代は、積極的なテレビＣＭの出稿で成果を上げてきました。しかし市場全体が成熟化した今、ライフタイムバリューを重視したモデルへとマーケティング戦略は変わっていきます。

高度経済成長期のように、新商品の発売に合わせてマス広告を打って、商品を認知させれば商品が売れる時代ではなくなりました。いま目の前にいる、既存の顧客やファンを大切にする。遠回りなようでいても、その活動がファンの口コミを生み、新規顧客の獲得にもつながるという意見は、参加企業の共通項です。

このセクションでは、キリン、ニューバランス、森永乳業という大手3メーカーと、グローバルブランドであるMasterCardの取り組みを紹介します。

【取材に協力いただいたマーケターの皆さん】

・キリン　小川直樹氏
・ニューバランス ジャパン　鈴木 健氏
・MasterCard　石中弘一氏
・森永乳業　寺田文明氏

キリン

「店頭コミュニケーションをデジタルで多層化する」

食品・飲料などの場合、マス広告を中心とした新規獲得のコミュニケーションを重視する傾向がある。その中で、キリンのデジタルマーケティング部では、オンライン上で行うファンとの対話・共創コミュニティである「キリンビールカンパイ会議」などを立ち上げてきた。すでにファンでいる人たちとのコミュニケーションから、新規顧客に響くメッセージ開発のヒントをつかめるのではないか、と考えるためだ。

既存ファンとのコミュニケーションにとどまらず、「店頭」におけるデジタル活用も検討している。具体的には顧客分析をもとに、小売店店頭でも最適なレコメンデーションができる仕組みをつくれないか、と模索しており、その意味で、新しいデバイスやテクノロジーの動きには、常に関心を持っている。

通常、店頭はジャーニーの一点としてしか、とらえられない。そこにデジタルを組み合わせることで、同社では購買を後押しするための多層的なコミュニケーションを実現できないか、と検討している。

KIRIN

カスタマージャーニーコンセプト

自社メディア相関図（イメージ）

□様々なタッチポイントをつなげる（連携する）

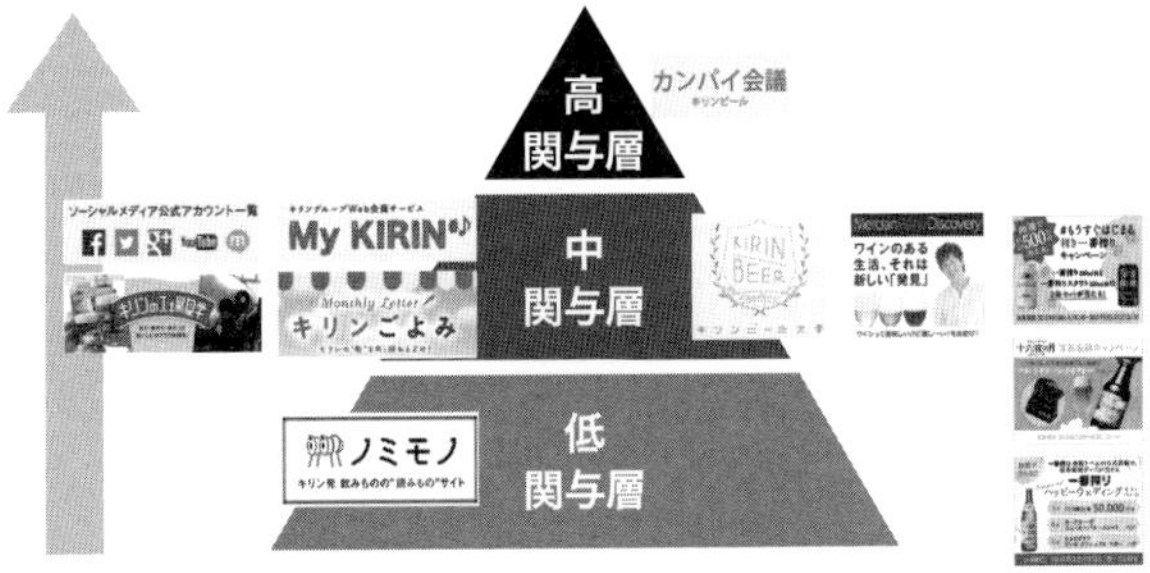

□デジタル（特にデータ）で
つなげる（連携する）

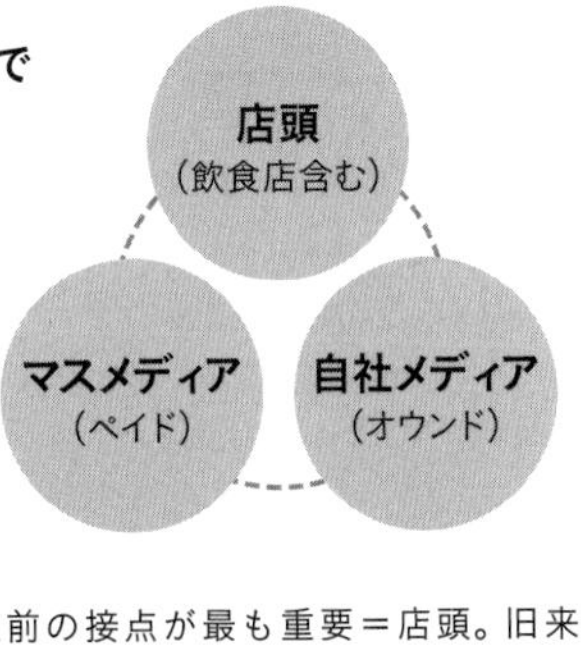

最も重要な瞬間

飲料は、購入直前の接点が最も重要＝店頭。旧来は、マスメディア（特にテレビ）を中心に、店頭でのコミュニケーションを展開していたが、現在は、ペイド、オウンドをデジタルで連携させ、お客さまの状況・シーン・タッチポイントで細やかなコミュニケーションを図っている。

CASE No.11

ニューバランス ジャパン

「使用時の体験から始まるジャーニー」

スポーツブランド、ニューバランスのマーケティング部門が担う役割は、新しい顧客とブランドの出会いをつくること。今、消費者のオンラインでの能動的な情報収集行動が増えるにつれ、その出会いのつくり方は変わりつつある。

従来であれば消費者は店頭で商品に触れ、ブランドを選択するケースがほとんどだった。これまで同社は「First Moment of Truth（店頭で消費者が商品と出会う瞬間）」を大切にしていた。

しかし、オンラインでの能動的な情報収集行動が増えるにつれ、店頭に行く前の広告や口コミとの接触プロセス（Zero Moment of Truth）を重視するようになっている。この体験の後にくる店頭での接点（First Moment of Truth）、商品の購入後の使用体験（Second Moment of Truth）も既存顧客のロイヤリティを高めることにつながる。そして商品の使用体験から生まれるユーザーの口コミが、新しい顧客の「Zero Moment of Truth」に影響を与える。3つの顧客体験サイクルを、円滑に機能させることを重要だと考えている。

カスタマージャーニーコンセプト

ブランド全体での
サービスデザイン設計

Usage/Service Experience

商品やサービスで
消費者の目的を
達成する
「使用体験」

Media Experience

消費者が商品や
サービスの情報に
出会う
「メディア体験」

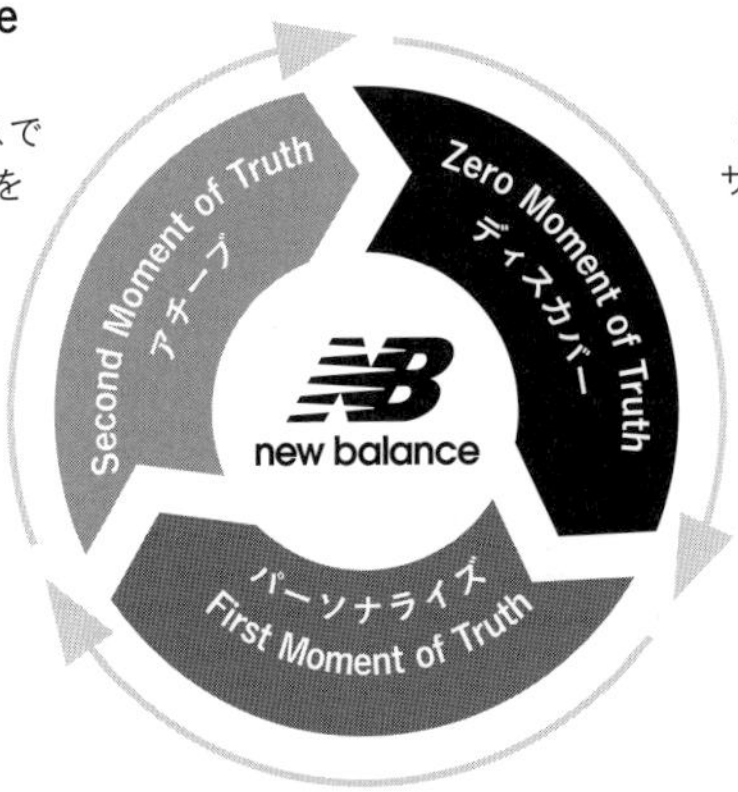

Shopping Experience

購入チャネルで自分に合った
商品サービスを買い求める
「購入体験」

最も重要な瞬間

店頭での「購入体験」のみを考えるのではなく、デジタル時代には使用体験につながった「メディア体験」に注目。

CASE No.12

MasterCard

「体験価値の創出で、ジャーニーの変化に対応」

「Priceless」のキャッチフレーズで知られるテレビコマーシャルを代表に、マス広告に力を入れてきたMasterCard。現在では、「Priceless」のコンセプトは変わらずに、それをカード利用の場に広げた体験型のコミュニケーションへとシフトしつつある。これはクレジットカードの申し込みや利用に際し、ネットでの情報収集(Zero Moment of Truth)で、すでに消費者は意思決定をしているケースが増えているという、カスタマージャーニーの変化を受けてのことだ。

ネットでの情報収集では口コミの影響力も大きい。そこで遠回りであっても、まずは目の前にいる既存の会員に、MasterCardならではの価値を体感してもらい、満足度を高めることが結果的にカードの利用促進、新規会員獲得にもつながると考えている。具体的には「Priceless Cities」という名称で、世界の主要都市で、MasterCard会員しか利用できない特別な体験プログラムを企画。例えば、旅でのカード利用を想定したジャーニーの場合、「予約」↓「移動」↓「現地」という各ステップにおいて、割引などのお得なサービスに加え、現地滞在中には「Priceless Cities」のプログラムなど、エモーショナルに訴えかける体験を用意している。割引キャンペーンなどでの差別化が難しい中、体験価値の創出に力を入れている。

MasterCard

カスタマージャーニーコンセプト

海外旅行者向けカスタマージャーニー

		計画	予約	出発	目的地	帰国
メッセージ		MasterCardは海外旅行において実利ある差別化された特典を提供します				
MasterCard特典		Priceless Cities	Priceless Cities		Priceless Cities	
					海外加盟店特典	
					プレミアムカード向け特典	
				空港手荷物宅配サービス		空港手荷物宅配サービス
メディア	デジタル	旅行関連オンラインメディア(下調べ&予約)	旅行関連オンラインメディア(下調べ&予約)			
		行動ターゲティングメディア	行動ターゲティングメディア			
		モバイルアプリ+SNS	モバイルアプリ+SNS	モバイルアプリ+SNS	モバイルアプリ+SNS	モバイルアプリ+SNS
	紙媒体&看板	旅行ガイドブック+雑誌記事	旅行ガイドブック+雑誌記事		旅行ガイドブック	
			旅行者用マップ		旅行者用マップ	
				空港への交通機関		空港からの交通機関
		看板	看板	空港看板		空港看板
				機内誌&ビデオ		
	店頭	旅行代理店	旅行代理店			
					加盟店店頭	

最も重要な瞬間

消費者が意思決定をする前に様々な接点、メディアを使って自社のもたらす価値を伝えることが重要。ジャーニー全行程において、それぞれの過程に最も適した価値提案、メッセージ、メディアを組み合わせて、消費者に働きかけることも忘れてはならない。

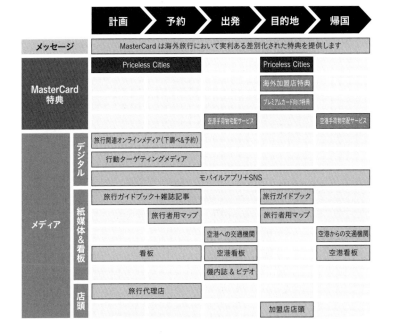

CASE No.13

森永乳業

「企業人格への共感を生む、直接コミュニケーションが重要」

カスタマージャーニーは、商品・サービスの検討期間が比較的長い高関与型の商材だと描きやすい。一方で、食品や日用雑貨では、ブランド選択が店頭での数秒間で決まってしまうケースが多いため、異なるアプローチを持つ。店頭でブランドを想起してもらうために、各社はマス広告を投下してきたが、情報量が爆発的に増えた時代、マス広告だけでブランド想起率を高めるのは難しくなっている。商品購買ルートに加えて、直接接点ルートを強化することで、その企業に対する共感の輪をまわし、お客さまとの絆を強めることが、コモディティ脱却のカギを握っている。

森永乳業では、こうした共感の輪をまわすために、感情をともなうメッセージが伝えられるリアルイベントを重視。これをスケールアップする目的で、デジタルテクノロジーを活用し、これまで持てなかったお客さまとの直接接点を持つ取り組みを始めている。とりわけ商品のファンとの、コミュニティづくりに可能性を感じている。1万人程度のお客さまとコミュニケーションをする上で、デジタルテクノロジーは、今まで実現できなかったことを可能にしてくれる。こうした接点を通じ、「企業人格」に対して共感してもらえることが、店頭でのブランド選択時にも重要になってきている。

カスタマージャーニーコンセプト

商品購買ルートと並ぶ直接接点ルート強化による「共感の輪」の回転促進

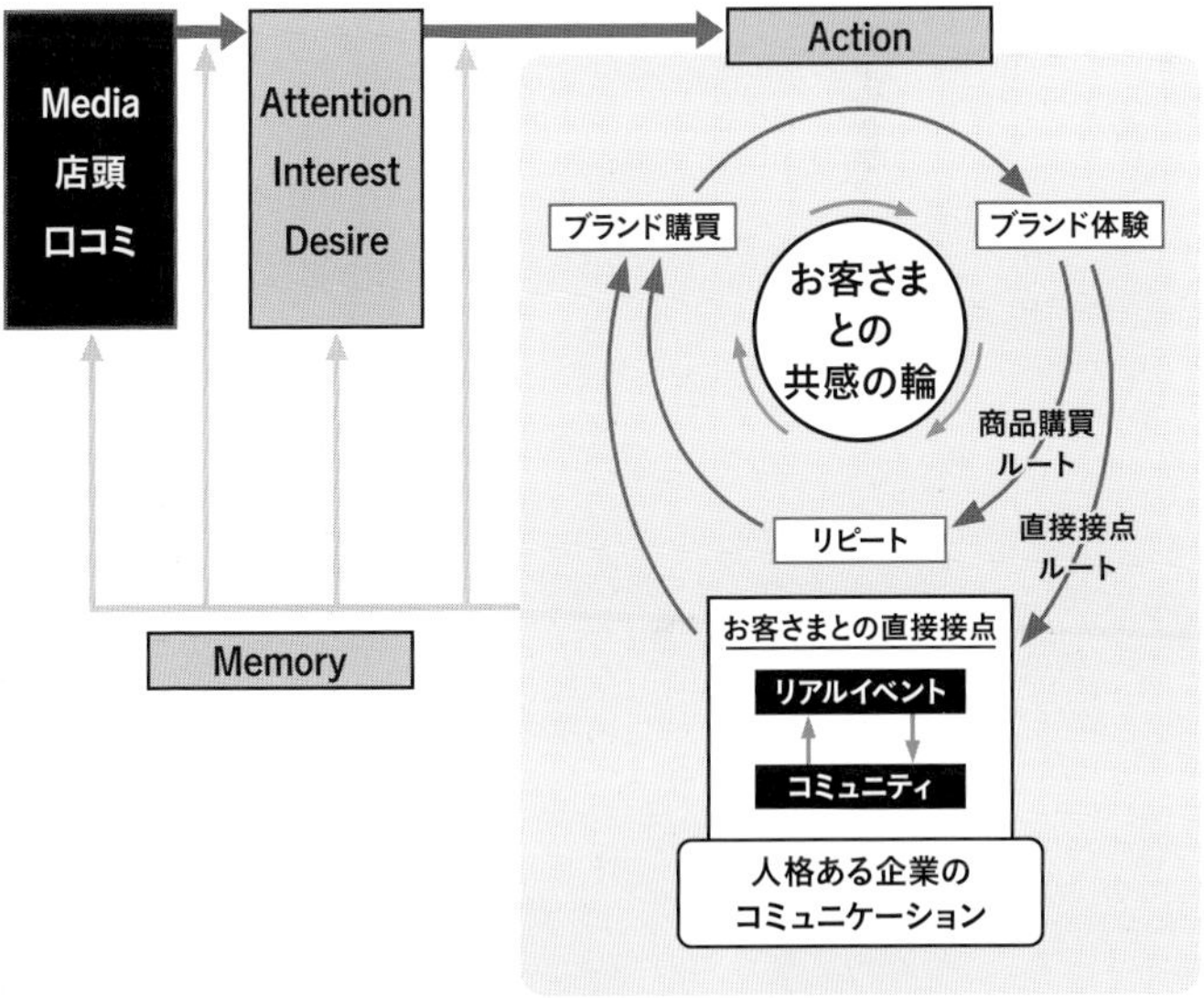

最も重要な瞬間

通常の「商品購買ルート」に、並行する「直接接点ルート」の動力を加えて、お客さまとの共感の輪をより多くまわす。これによりお客さまと当社の絆をさらに太く強固にしていきたい。そのためにお客さまと直接接触できる瞬間が最も重要である。

企業都合の一方的な発信をしない

「企業都合の一方的な発信」から脱した、新しいコミュニケーションの形を模索する企業が増えています。

一方的な発信による広告は、情報量が爆発的に増えた今、ますます消費者のもとに届きづらくなっています。SNS上の口コミが購買行動に大きな影響を与えるようになって久しく、だからこそ既存顧客の満足度を重視するマーケターが増えています。

もちろん、口コミは企業がコントロールできるものではありません。それでも、時間をかけてでも目の前にいる顧客の満足を高めることに、真摯に向き合う姿勢が必要です。研究会のメンバーからは、原点回帰ともいえる意見が多くあがりました。ここでは、アメリカン・エキスプレス・インターナショナル、日本航空(JAL)、ポルシェジャパンの3社のケースを紹介します。

ブランド力が高いといわれ、ファンも多い3社だけに、既存顧客に目を向けた施策で先陣を走っています。

【取材に協力いただいたマーケターの皆さん】

・アメリカン・エキスプレス・インターナショナル,Inc.　中島 好美氏
・日本航空（ＪＡＬ）　二木 真氏
・ポルシェ ジャパン　山崎香織氏

アメリカン・エキスプレス・インターナショナル
「お客さまのライフタイムに合わせたタッチポイント」

アメリカン・エキスプレスブランドの顧客接点は、日常生活から出張や旅行まで幅広い。シーンに合わせて提供できるサービスも多岐にわたるため、全ての価値を顧客に説明し、理解してもらうのは難しい。

顧客とのタッチポイント全体で考えると、ブランドに対するロイヤリティが高まる重要な瞬間は、「入会時や、カードの使用時、カードを失くすなどの緊急時など、困ったときにこちらが手を差し伸べられる状況になったとき」にある。他社よりも素早いカードの再発行や、提携病院の紹介、コールセンターの担当者による親身な対応が、お客さまの気持ちを動かす。結果として、ブランド体験談の拡散につながる。

カード自体は、持っているだけでは面白いものではない。使ってもらい、一生涯使い続けてもらうために、個々のお客さまのライフタイムに合わせたタッチポイントを用意し、それを最適化することが重要。同社では企業側が強制する形で体験をつくるのではなく、お客さま自身にそれを選んでいただけるようなコミュニケーションを目指している。

カスタマージャーニーコンセプト

個々のお客さまと関係を構築

ニーズを把握し、的確にお客さまのライフスタイルをサポート

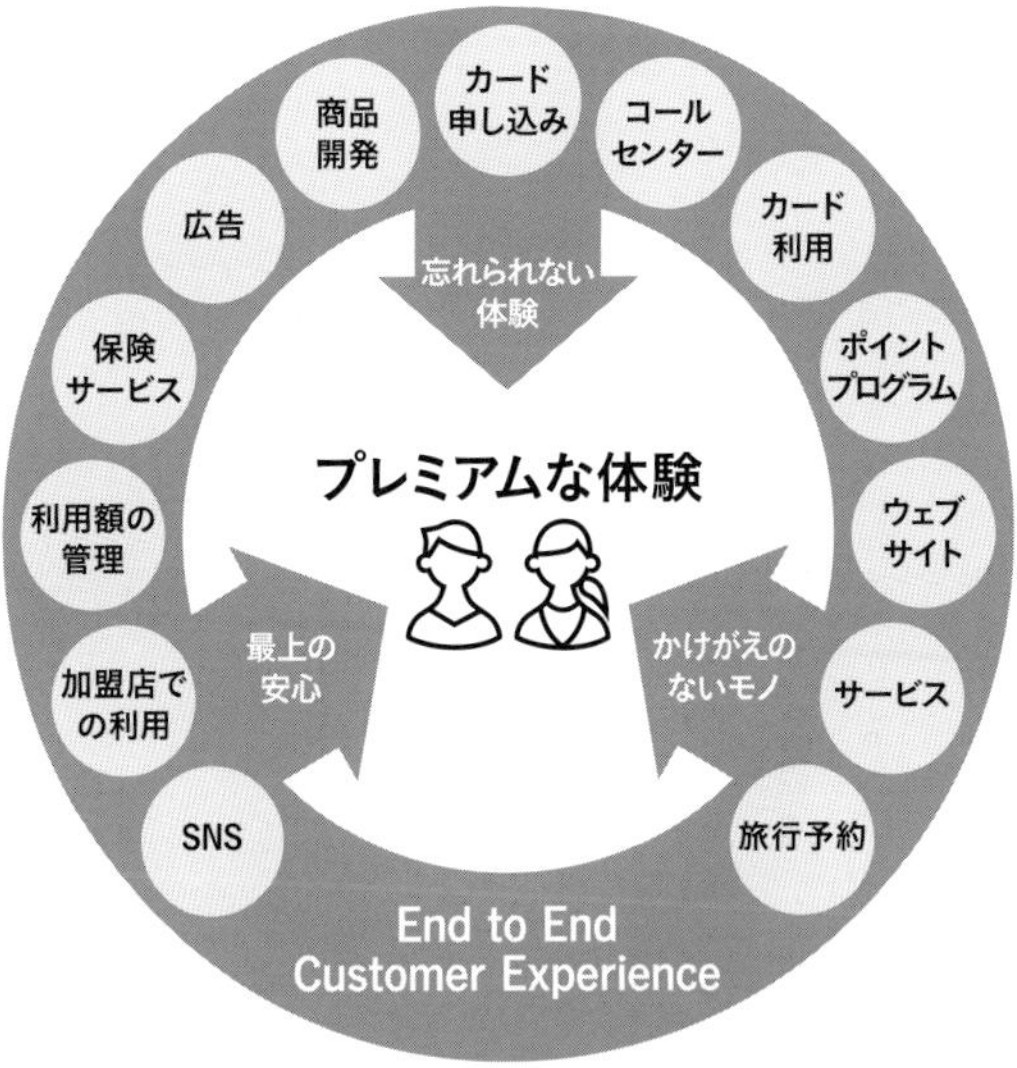

最も重要な瞬間

お客さまのライフタイムに合わせたタッチポイントの用意と、最適化されたサービスの提供。中でも、入会時、カードの利用時、そしてカードを紛失するなどの非常時に、お客さまに寄り添うサービスを提供する瞬間。

CASE No.15

日本航空（JAL）

「お客さまのサービス体験がジャーニーの最重要ポイント」

航空会社と顧客との接点は、インターネットの登場以降、複雑化してきた。搭乗前の予約時から、飛行機を利用しない日常生活のシーンへと、コミュニケーションの機会は広がっている。

日本航空では広告コミュニケーションで事前期待を高め、販促で利用意向を高めるプロセスも重視している。しかし、それ以上に重きを置くのが、最終的なサービスの実体験だ。魅力的なサービス体験こそが、ブランドロイヤルティを高め、お客さまから周囲に対しての自発的かつ、信頼ある情報発信を生み出すことにもつながるからだ。

サービス体験での価値を高めるのは、空港スタッフや客室乗務員による察知力や洞察力。顧客の気持ちの一歩先を読み、サービスを提供する。

一人ひとりの社員の能力や意識の向上に加えて、顧客データを活用したサービス体験の強化にも努めている。顧客接点の現場でも、データを共有・利用することで、お客さまの期待を超えるサービス提供を実現できるのではないか、と考えている。

カスタマージャーニーコンセプト

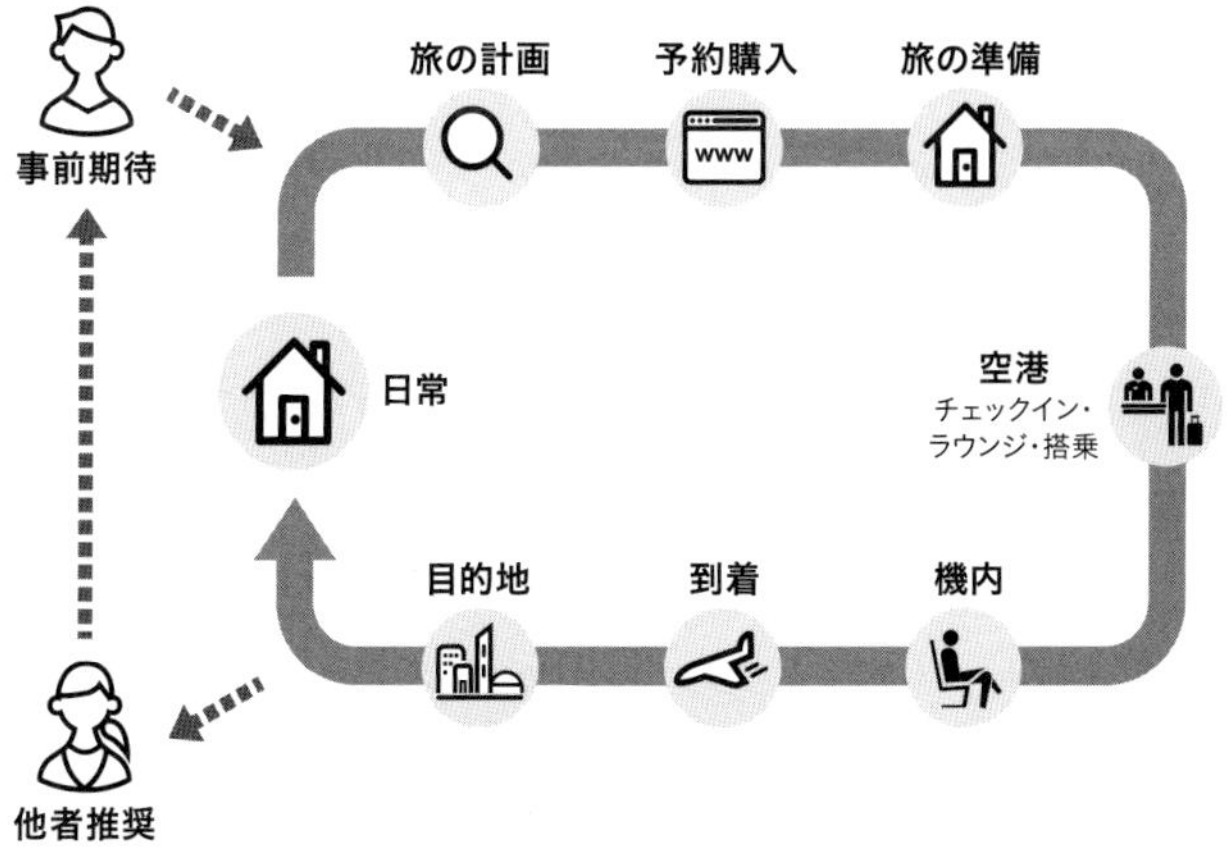

ターゲットと提供価値などの基本コンセプトを明確化し、コミュニケーションやプロモーションで事前期待を最大化。「旅」を通じたあらゆるタッチポイントで最高のサービスを提供して「ブランド」を醸成する。

最も重要な瞬間

最終的にサービスを実体験してもらう瞬間。魅力的なサービス体験こそがブランドロイヤルティを高める。さらに、お客さまから周囲に対しての自発的かつ、信頼ある情報発信を生み出すことにもつながる。

CASE No.16

ポルシェ ジャパン

「サークル型のジャーニーでお客さまとつながる」

世界を代表する高級自動車、ポルシェ。これまではブランド認知から購買にいたるまでの流れを縦型の購買ファネルで設計していた。最近は、ジャーニーの考え方を見直している。特徴的なのは、カスタマージャーニーを「サークル」型でとらえていること。ブランドを知り、購入したお客さまがさらにロイヤリティを高めてくれるよう、接点別に異なる施策を実施している。

ブランド特性上、あまりマス広告は積極的に投資していなかったポルシェ。最近では広告にも力を入れている。広告接触後、興味を持った消費者に対するメールマガジンを配信。よりニーズが顕在化した段階でプレミアムな資料キットを提供するなど、購買にいたるまでのジャーニーで、消費者の態度変容に合わせた施策をきめ細かく展開。さらに購入後のコミュニケーションにも注力。例えば、レースサーキットを走れるオーナー向けのイベントなども実施している。自動車は比較検討に際して、口コミの影響力が強い商材であり、現オーナーの満足度を高めることは、再購入につながるだけでなく、新しい消費者との関係づくりにもつながる。これらの活動全体を通して、同社ではサークル型のカスタマージャーニーの実現を目指している。

カスタマージャーニーコンセプト

PORSCHEのお客さまとのContact Points

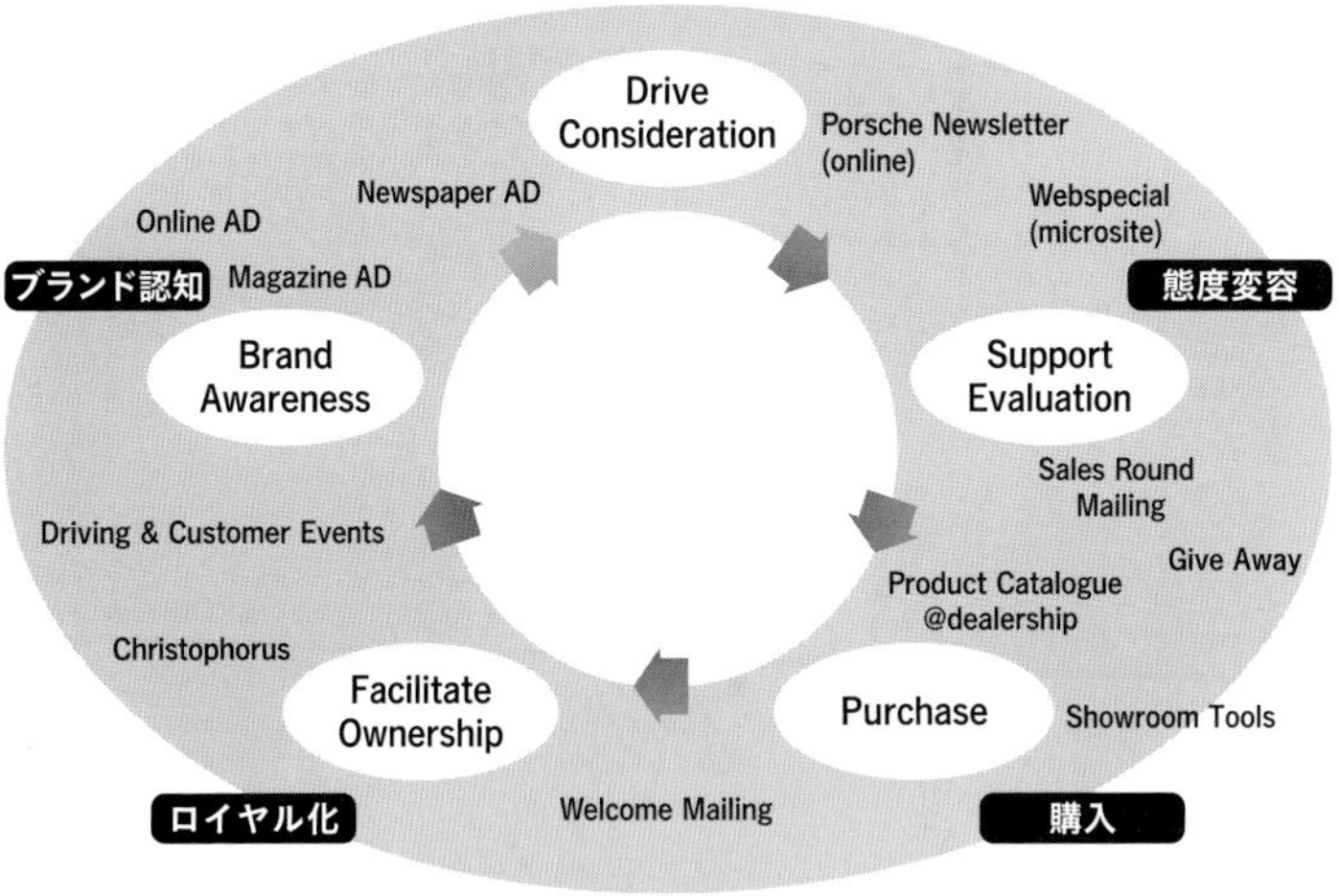

ブランド認知（Awareness）に始まる、サイクル型のジャーニー。

最も重要な瞬間

お客さまのロイヤリティが高まる瞬間。特に現オーナーの満足を高めることが、新しいお客さまとの接点づくりにつながるケースも多い。新規顧客獲得だけでなく、既存のお客さまとの関係性づくりも重視。

コモディティ時代に選ばれる理由をつくる

多様な業種のマーケターが集う研究会の場であっても、常に各社に共通する課題がコモディティ化です。

機能や価格だけでは差別化が難しい時代に、自社のブランドが「選ばれる理由」をつくるにはどうしたらいいか。そこでは「ブランドが持つ思想への共感づくりが大切」という意見に共通点が見えました。

競合他社が価格や機能を訴求している中、これまでにない訴求に踏み切るには、マーケターの強い決断力が必要とされています。今、日本を代表する大手企業が、その決断をして、新しい取り組みを始めています。

カゴメ、KDDI、サントリー食品インターナショナル、西友、ローソン、さらにアットホーム、エスティローダー（クリニーク ラボラトリーズ）というビジネスモデルに特色がある業界の事例を紹介します。

【取材に協力いただいたマーケターの皆さん】

・カゴメ　西村晋介氏
・KDDI　矢野絹子氏
・サントリー食品インターナショナル　北川廣一氏
・西友　富永朋信氏
・ローソン　鈴木一十三氏
・アットホーム　末吉一敬氏
・エスティ ローダー　石橋浩子氏

CASE No.17

カゴメ

「ジャーニーの複雑化に対応し、デジタル・PRに注力」

「自然を、おいしく、楽しく。」をブランドステートメントとして事業を展開してきたカゴメ。世の中全体の健康を重視する流れは追い風である一方、同社が強みを発揮する「野菜」のカテゴリに多くの企業が参入し、差別化の難しさも感じている。例えば20年前に発売された「野菜生活100」は当時、「美味しく野菜が取れる」というだけで独自のポジションを築けた。しかし今は、他社も野菜ジュースを発売しているだけでなく、「美味しく手軽に野菜を取れる」カテゴリの市場において、競合は増えている。コンビニやスーパーのカットサラダ、最近ではスムージーやコールドプレスジュースなどの新商品が、続々と市場へ投入される状況だ。野菜市場自体が活性化することは望ましいが、この中で、いかに顧客との接点をつくり、カゴメならではの顧客との関係性づくりができるかが大切になる。

特に最近は、ネット上で健康情報を知る消費者が増えており、カスタマージャーニーはますます複雑化している。野菜ジュースならではのメリットをポジティブに受け止めてもらえるよう、お客さまの関心事に寄り添った視点で情報を編集し、発信する必要を感じている。マス広告にかたよることなく、デジタル・PRも統合した情報戦略が必要になっていると考え、組織体制の変革も含めた統合戦略に取り組み始めている。

カスタマージャーニーコンセプト

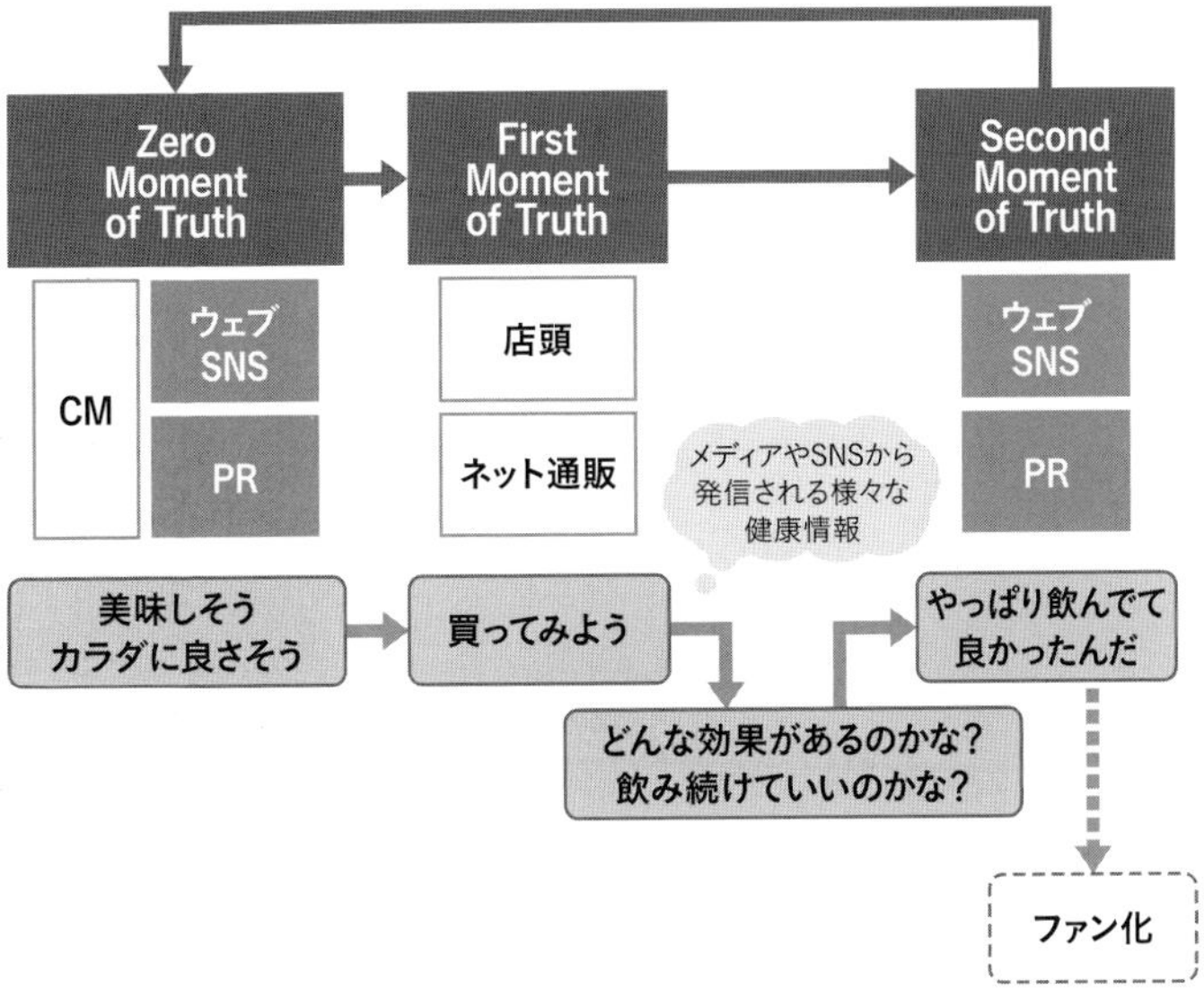

「野菜飲料」の場合、ウェブ、SNS、PRの活用が近年の取り組み。Second Moment of Truthはファン化へのステップであると共に、SNSであがった声が新たなZero Moment of Truthへも結びつく。

最も重要な瞬間　最も重要なのはFMOT（店頭）。飲み続けてもらうためには、SMOT（ウェブ・SNS）がより重要になってきている。

KDDI
「あらゆる接点で魅力的なブランド体験を意識」

iPhoneが全ての通信事業者に対応し、提供サービスの同質化が進み、差別化がより難しくなりつつあるという課題を抱えるKDDI。かつては利用料金の安さやサービスの独自性を訴求してきたコミュニケーションから、「三太郎シリーズ」のテレビCMのように、ブランド重視にシフト。「au自体を好きになってもらえるようなコミュニケーション」を目指している。

同社は、利用者の携帯電話端末購入サイクルに合わせたカスタマージャーニーを考えている。情報収集・検討→来店（契約）→利用→評価という大きなサイクルが端末の買い替えや契約の更新ごとに繰り返されるため、長く利用してもらうためのコミュニケーションを展開。この大きなサイクルの各段階においても小さなカスタマージャーニーが存在する。端末や料金メニューを選択し、実際に契約を締結するまでの、店頭での体験にもジャーニーを見ることができる。お客さまとのリアルな接点が少ない中で、店頭での体験が与える影響の重要性は増している。同社ではテレビCMやウェブなどでのコミュニケーションから店頭での体験まで、ジャーニー全体を通じてauが好きだと思ってもらい、長期にわたって付き合いたいと思ってもらえるようなブランド・コミュニケーションを目指している。

KDDI

カスタマージャーニーコンセプト

スマートフォンのカスタマージャーニー

■端末購入サイクル

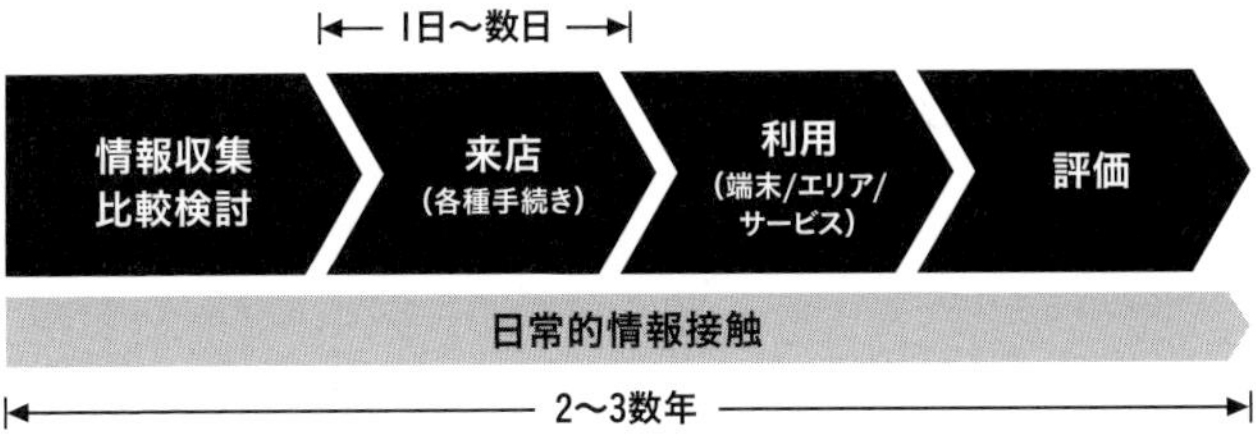

■契約サイクル

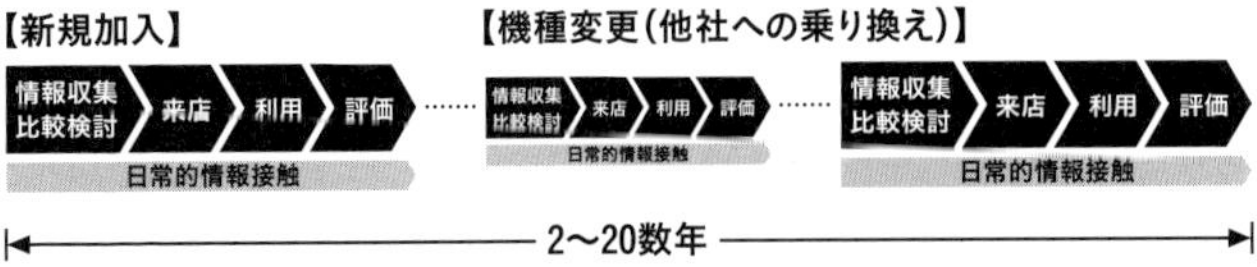

最も重要な瞬間

長いジャーニーにおいて、顧客と直接的な関わりを持てる機会はリアル・非リアル共に重視している。携帯電話端末も接点としてとらえると、日常的な利用場面や瞬間も重要となる。

CASE No.19

サントリー食品インターナショナル

「企業姿勢の発信がコモディティ化の対抗策に」

次々と新商品が登場する飲料市場において、最大の課題はコモディティ化だ。店頭におけるブランド選択に要する時間は3秒程度といわれている。この厳しい市場の中で、サントリー食品インターナショナルではお客さまと企業をつなぐものは、「コミュニケーションと商品」ととらえている。

ここでのコミュニケーションとは、商品単位の広告だけではない。サントリーという企業のビジョンも同様に重要だと考えている。現在、同社はグループ全体で「水と生きる。」のコーポレートスローガンを掲げている。このスローガンを社員一人ひとりが仕事の中で体現し、社会に貢献するという意思があってこそ、短い3秒の時間の中でも、サントリーの商品を手に取ってもらえる土壌がつくれると考えている。

価格で差別化しづらい商材なため、常に価格以上の高い価値を感じてもらえる技術開発や、商品設計に取り組んでいる。お客さまに自然と手に取ってもらえる環境をつくるためには、R&Dやサプライチェーンマネジメントなど、全ての要素にイノベーションが必要。そうしたバックボーンが商品とコミュニケーションをトータルで支え、結果的にお客さまのライクやラブの醸成につながる。

カスタマージャーニーコンセプト

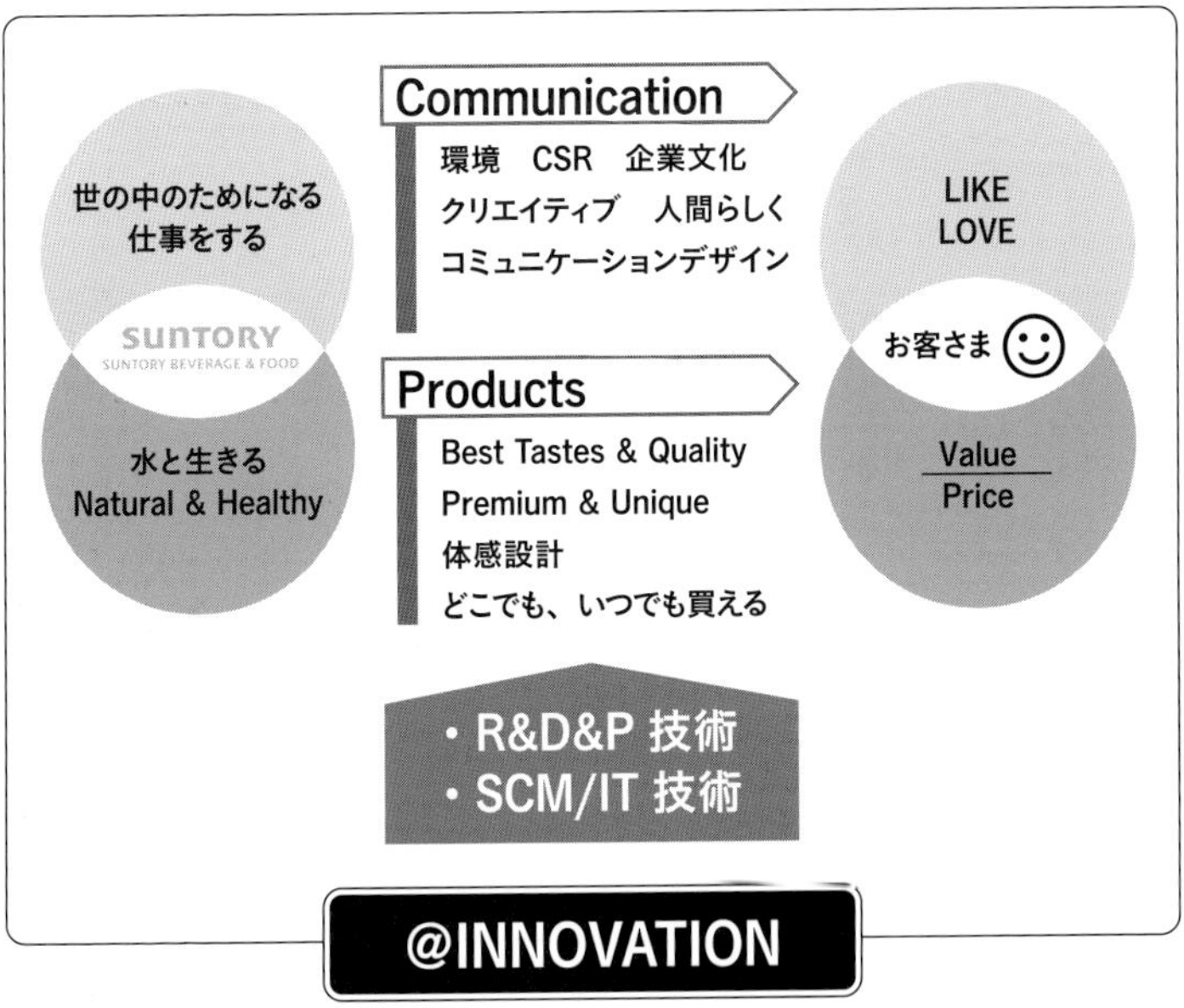

最も重要な瞬間　お客さまのライクやラブが生まれる瞬間。コモディティを脱するには、ブランドや企業に対する共感が重要。

CASE No.20

西友

「顧客接点における最強のメディアは店舗」

西友では小売業におけるカスタマージャーニーは、店舗でのコミュニケーションの最適化が競争力を大きく左右する要素となると考えている。小売業にも、当然コモディティ化の波は押し寄せている。そもそも西友に足を運びたくなる理由づくりから含めた、ジャーニー理解も必要だ。同社ではスーパーマーケット及び、ディスカウントストアに対して顧客が期待する価値を抽出し、自社が備えるべき要件を言語化している。それは、西友へ行けば確実に欲しいものがあるという「確実感」、低価格ゆえに価格を気にせず購入できる「抱擁感」、西友にしかないものがあるという「充実感」、買い物することで楽しさを感じ、さらなる購入へとつながる「高揚感」の４つをキーワードだ。西友は、カスタマージャーニーのあらゆる接点で、この価値を感じてもらうための取り組みを進めてきた。

店舗を最強のメディアと考える同社では、消費者と良いコミュニケーションをとることができる「良い店舗」のあり方についても議論を重ねている。消費者によって異なる、その店に何を求めて来るかという〞意図〟を汲み取ることが大事との考えで、レシートの全数分析を実施。顧客の買い物意図を類型化するなど、理解を深める取り組みに注力している。

カスタマージャーニーコンセプト

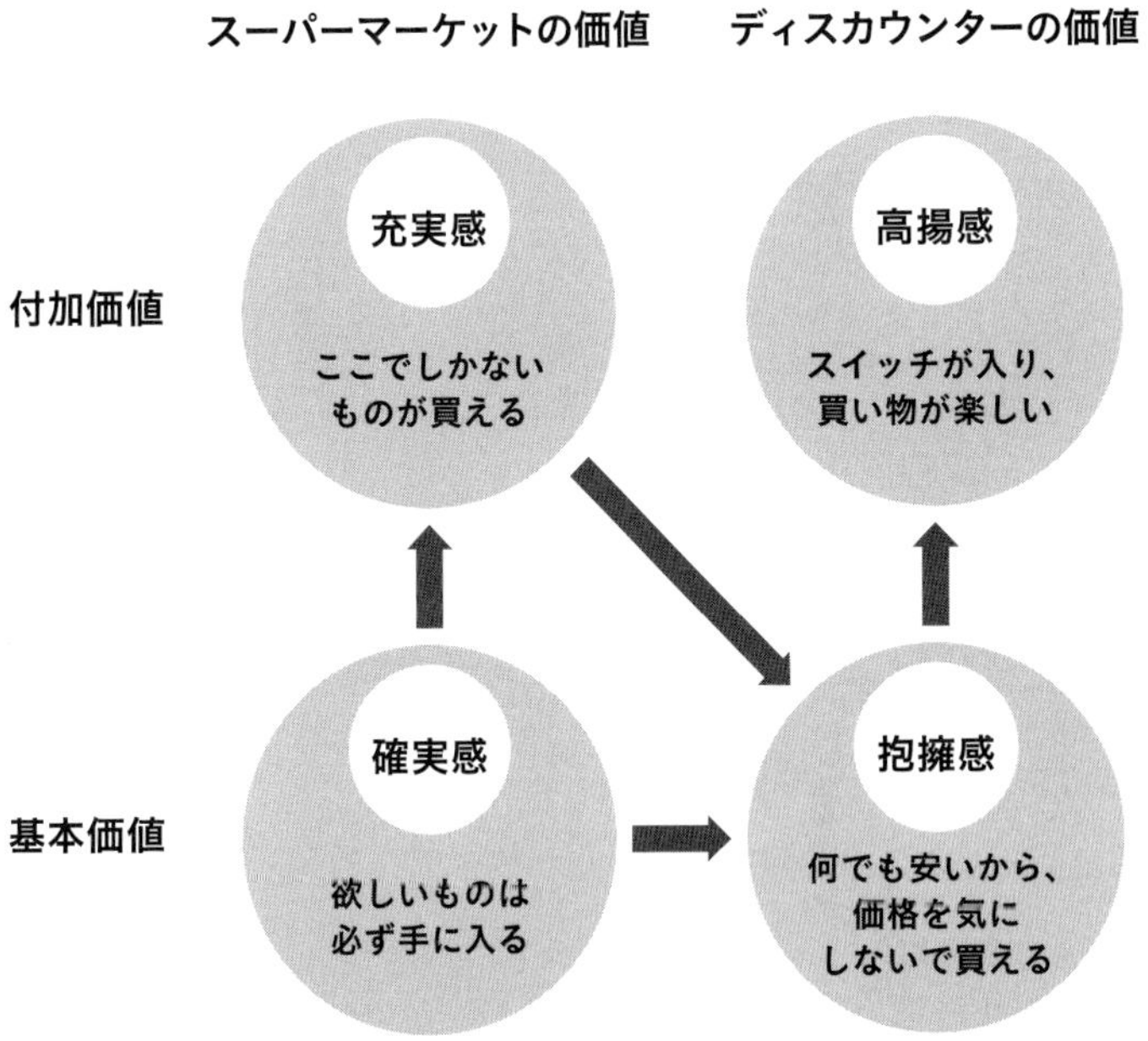

最も重要な瞬間
西友に来店した際の体験。消費者が、その店に何を求めて来店したのか、意図を汲み取り、その意図にマッチした価値を提供することが大切。

CASE No.21

ローソン

「“コンビニへ行こう”から“ローソンに行かなくちゃ”へ変える体験の提供」

消費者との接点において最も重要な瞬間は、店舗に来るきっかけ。そのきっかけを多くつくるため、気軽に立ち寄ることができる場所への出店戦略は重要だ。ローソンは、人が集まる場所、駅ナカや病院などへの出店はもちろん、最近は同業他社との連携も進めている。次に、来店した消費者の気持ちをつかむために重要となるのが、プロダクト展開。プレミアムロールケーキを始めとする「ウチカフェスイーツ」や「マチカフェ コーヒー」などはもちろん、エンタメコンテンツを活用した集客キャンペーン、NTTドコモ、JALなどとの異業種コラボレーションも広い意味でのプロダクト展開だ。「マチのほっとステーション」から「マチの健康ステーション」への転換も、「健康」を軸にした商品・サービスの強化で消費者への機能的価値を提供するための施策となっている。

こうして好意を持ってもらった先に求められるのが、「ローソンでなければならない」と感じてもらうこと。そこで重視されるのは、店舗スタッフであるローソンクルーのホスピタリティーだ。これにより、来店の習慣化、日常化を目指す。こうしてヘビーユーザーとなった消費者は、口コミにより新たな来店者を誘い込むきっかけとなり、新たなジャーニーの起点としても期待できる。

カスタマージャーニーコンセプト

User Journey

Light Customer → Middle Customer → Heavy Customer

基本価値

(便利であれば良い)

- ✓目立つロードサイド立地
- ✓駅ナカ立地
- ✓病院内立地
- ✓同業他社との連携

↓

出店戦略

機能的価値

(ローソンが良い)

- ✓商品拡充
  - ・ウチカフェスイーツ
  - ・マチカフェコーヒー
  - ・フライドフーズ　など
- ✓健康志向の商品
  - ・ブランパン
  - ・グリーンスムージーなど
- ✓エンタメコンテンツ
- ✓ECや宅配事業
- ✓Pontaポイント事業
- ✓異業種連携
  - ・ドコモ
  - ・JALなど

↓

プロダクト展開

情緒的価値

(ローソンじゃなきゃダメ)

- ✓マチカフェと共にある ほっとした時間
- ✓ブランパンを買い、糖質コントロールをしているという自分の健康を気遣う気持ち
- ✓グリーンスムージーを飲んで野菜不足を補ったという安心感
- ✓ローソンフレッシュで買い物に行く時間が省けて家族と一緒に過ごす時間

↓

体験価値の提供

最も重要な瞬間

「欲しいと思ったときに近くにある店」ではなく、
「ローソンでなければならない」と感じてもらえる瞬間。

CASE No.22

アットホーム

「多様なジャーニー、どこまで納得感を高められるか」

アットホームは、全国5万3000を超える不動産店舗が利用する不動産情報ネットワークを運営し、消費者向けの不動産情報メディアを多くの種目（賃貸・新築・中古・居住用・事業用など）で展開している。不動産を借りる（貸す）、買う（売る）というニーズを人ごとに的確に受け止め、かつそのニーズの緊急度や嗜好を理解するのは至難の業だ。多くのニーズに応えようと、多種多様な検索軸の提供や、大量の物件を用意しても、かえって物件を探しにくくなる恐れもある。ユーザーの不動産に対する知識量によっても対応は大きく異なる。初めて不動産を借りたり購入したりするユーザーと、2回目以降のユーザーでは求めているポイントもプライオリティも異なるからだ。

多種多様な不動産情報とユーザーを結び付けていくためには、大量のカスタマージャーニーのサンプルやケースバイケースの調査研究、重視するポイントや妥協している箇所、エリアごとの特性や利用デバイスの変化などの調査が欠かせない。また、こうした「結び付け」を日常的に実施している「不動産店舗の情報」やそこにいる「スタッフの情報」を合わせて公開し、不動産情報メディアの役割を単に「物件情報」だけに留めずに拡大させていくことで、納得感を高める工夫をしている。

at home

カスタマージャーニーコンセプト

年齢・環境・エリア・ライフスタイル・ライフステージ・収入・家族構成など
人ごとに異なる“きっかけ”

借りたい、買いたいニーズの発生
（貸したい、売りたい）

1 「検索」ステージ

- **場所、立地**
  - 住所、沿線、駅などの基本的な条件
  - 海が見える、風通しが良いなどの条件
  - リセールバリューや資産価値などの条件, etc.
- **賃料、価格**
  - ローン金利
  - 管理費、維持費を含めた月々の合算
  - 家計に締める割合, etc.
- **広さ、間取り**
  - 総面積や●LDK
  - リフォームしたら？
  - 収納率
  - 間取りの可変性, etc.

2 「悩み」「決め」「あきらめ」「大切なことを見つける」ステージ

こだわり　**妥協**　**重視**　家族間でも異なる

3 不動産店に問い合わせし来店し、内見し話を聞き、話をするステージ

実物を見る　**気に入る、入らない**　**考えや気持ちを修正**　**選択する**

4 意思決定ステージ

家族の話し合い　**口コミ**　**知人や経験者に相談する**

5 現実としての住み替えステージ

契約　**資金調達**　**引越し**　**諸手続き**　**売却**

最も重要な瞬間

住宅ニーズが発生した瞬間。不動産は人によって、リテラシーや条件のプライオリティが大きく異なる。ニーズが発生した瞬間に、それぞれのジャーニーを理解した適切な対応ができるかが、カギになる。

エスティ ローダー グループ クリニーク事業部
「お客さまの心にイグナイトを起こす瞬間を重視」

化粧品、特にスキンケア商品は自分の肌に合うものに出会うと、長く使い続ける点に特徴がある。エスティ ローダー グループの一ブランドである「クリニーク」のマーケティング活動も、スキンケア商品ならではのカスタマージャーニーをもとに、プランニングがなされている。

肌は一人ひとり違い、悩みや化粧品に求めるものは変わってくる。そこでクリニークでは、お客さまにカスタムケアを提供し、「自分の肌に合う」、「自分のなりたい肌になれる」と実感してもらうことがカスタマージャーニーにおいて重要なポイントと考えている。単に商品をお勧めするだけでなく、この「お客さまの心に火が付く瞬間（イグナイト）」こそが、重要なのだ。そのためには機能を頭で理解してもらうだけでなく、そのブランドに「LOVE」という感情を抱いてもらえるか否かがカギとなる。カギを握るのがカウンターのコンサルタントの接客だ。

化粧品に関する情報は世に多く出ているため、お客さまは商品や肌に対する一般的な知識をたくさん持っている。カウンターでは、お客さまが持っている知識をその人にとってどう利用すべきかを伝えること。デモや体験を通じ、驚きを持って実感してもらうことでお客さまの心に「イグナイト」を起こすことを重視している。

カスタマージャーニーコンセプト

Customer Journey is…

Just like 婚活！

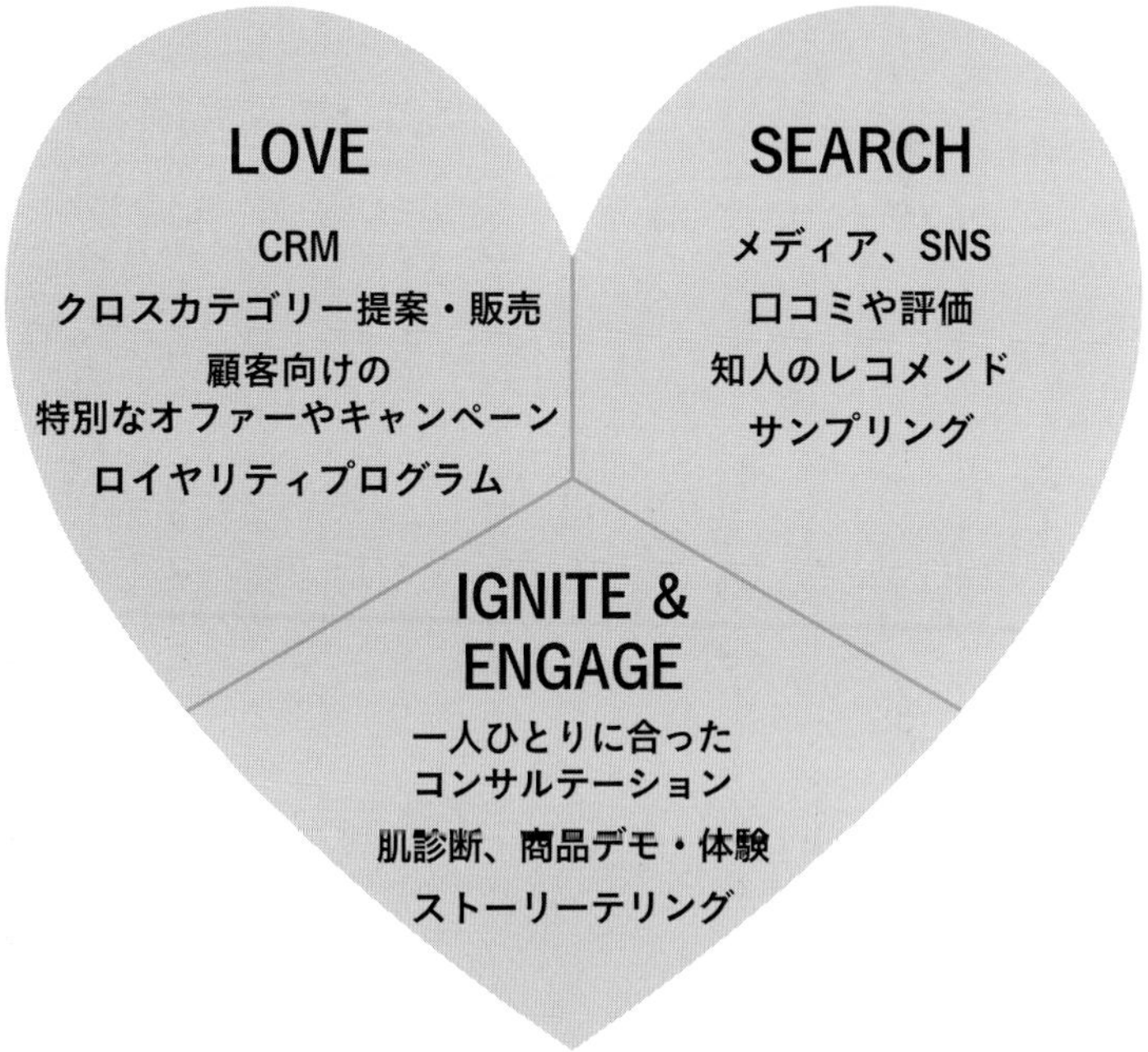

最も重要な瞬間

単に商品をお勧めするだけでなく、「お客さまの心に火が付く瞬間」こそが、長期的なブランドとの関係づくりで重要視するポイント。

これまで世にない商品・サービスのジャーニー

変化の激しい時代は、競争のルールもすぐに変わっていきます。こうした時代に、長く競争優位なポジションをつくる上では、自分たちで新しい戦う土俵をつくってしまうことが有効です。もちろん、この施策はすぐにうまくいくものではありませんが、研究会参加企業の中には、これまでにない価値を創出したブランドのマーケターも多く参加しています。

コモディティ化という課題には直面しない一方で、これまでなかった商品やサービスだけに、日常における使用シーンの提案においてアイデアが必要です。

エクスペディア（AAE Japan）、カーシェアリング・ジャパン、カルビー（フルグラ）、キッザニア（KCJ GROUP）、スマイルズ、ＶＡＩＯ、フィリップス エレクトロニクス ジャパン（Ｈｕｅ）、7社の事例を紹介します。

【取材に協力いただいたマーケターの皆さん】

・エクスペディア（AAE Japan）　木村奈津子氏
・カーシェアリング・ジャパン　遠藤祐也氏
・カルビー　藤原かおり氏
・キッザニア（KCJ GROUP）　関口陽介氏
・スマイルズ　松尾真継氏
・VAIO　花里隆志氏
・フィリップス エレクトロニクス ジャパン　久保徳次氏

CASE No.24

エクスペディア

「検索データから究極のレコメンデーションを発動」

世界最大のオンライン旅行会社である「エクスペディア」は、2006年から日本でのサービスを開始している。オンラインでのセルフサービスになるので、ジャーニーにおける最も重要な接点は、ウェブサイト。外国生まれのウェブサイトで旅行予約をしてもらい、日本の顧客を満足させられるかが、勝負のポイントとなる。翻訳にとどまらないローカライゼーションや、テクノロジーを駆使した機能向上に注力してきた。

お客さまがどんな旅を望んでいるのか、その情報を知ることから全てが始まる。検索し、一度情報をプルしてもらえれば、データとして蓄積され、一人ひとりのお客様に合ったパーソナライズドしたリコメンドへと進化させていくことができるためだ。そこで、どの端末からアクセスしても簡単に検索できるよう、サイトは検索モジュールだけのシンプルなスタイルをとっている。

旅行という高価格商材の特性上、ちょっとした不満感から不信感が生まれ、購入の妨げになってしまうこともある。いかにして、日本人の慣習に合わせたサイトのローカライゼーションを進めるか、サイトのユーザビリティの向上が、経営に直結するテーマだと考えている。

Expedia.co.jp
かしこい旅、エクスペディア

カスタマージャーニーコンセプト

旅行のジャーニーとエクスペディアの接点

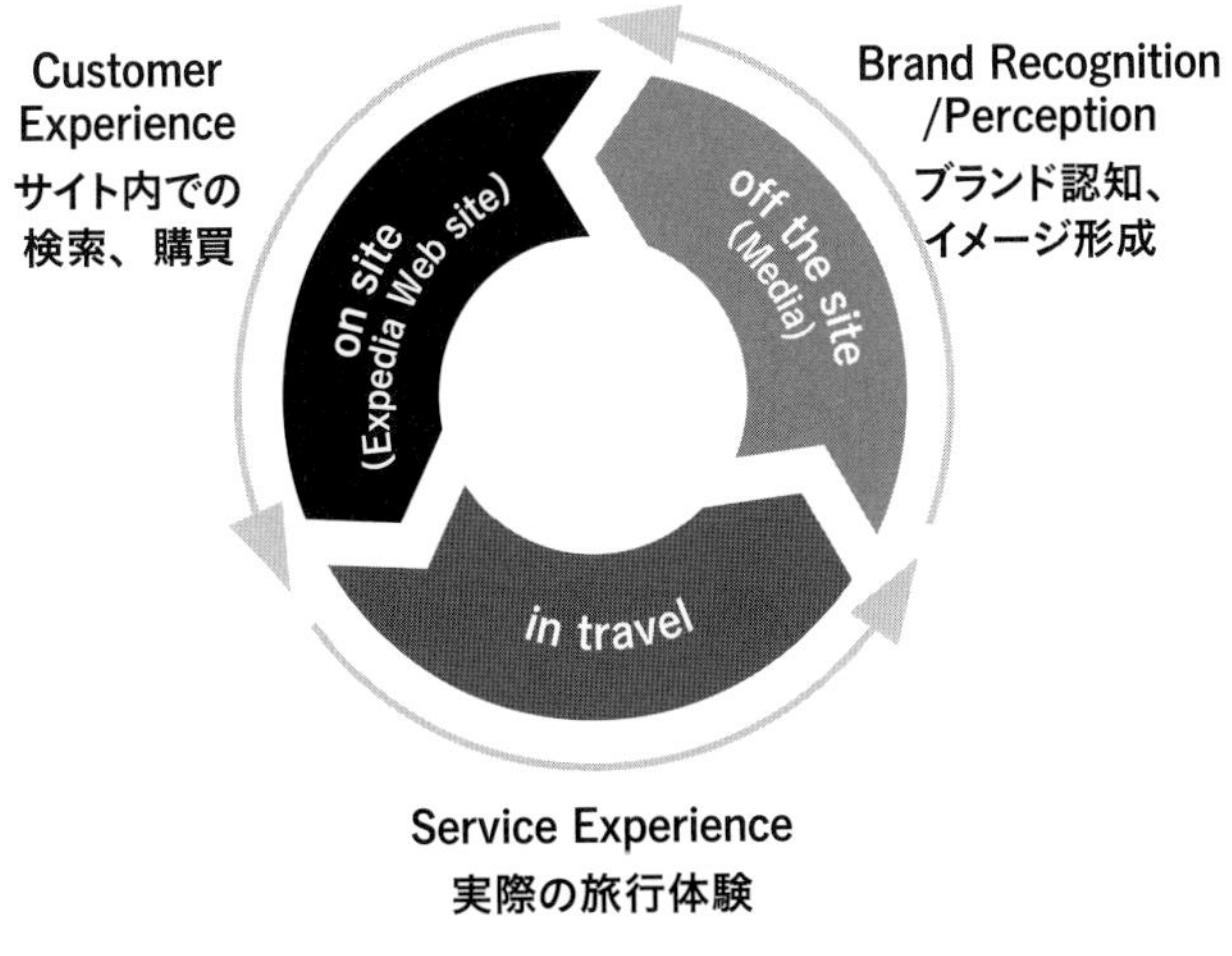

最も重要な瞬間 最初にお客さまが検索をし、どんな旅を望んでいるかを知る瞬間。

CASE No.25

カーシェアリング・ジャパン

「利用にいたるまでの心理ハードルを取り除く」

これまで世になかったサービスは、そのカスタマージャーニーにも独自性がある。例えば、カーシェアのサービス「カレコ」を展開するカーシェアリング・ジャパンもそのひとつ。同社が考える新規利用者のカスタマージャーニーは、「認知」→「理解」→「入会」→「利用」の順で進んでいく。説明の難しい「カーシェア」というサービスを理解して入会をしてもらっても、入会してから登録作業に日数がかかり、即日では利用できない壁が以前はあった（※現在は入会後、最短で当日に利用可能になり、顧客の声によって日々サービスが改善されている）。また、利用時にはセルフサービスで開錠のプロ

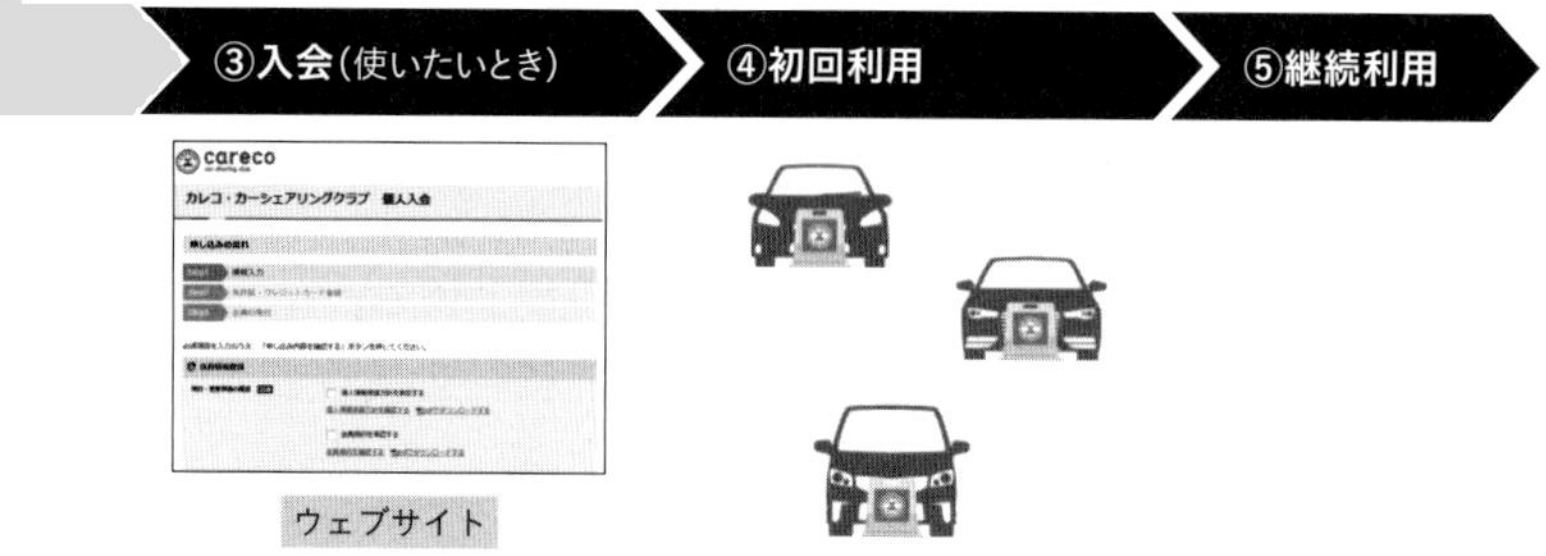

どで顧客の声をヒアリングして、コミュニケーションを図っている。

セスがあり、初めての人にとっては操作がわかりづらい課題もある。「利用」にいたるまでの各段階で発生するハードルをいかに取り払えるか。戦略は、このジャーニーにそってプランニングされている。

また「認知」の段階についても、都心部では車のない生活が当たり前となり、なくても不便を感じている人が少ないため、カーシェアを利用する具体的シーンを描いていくことも重視。例えばカメラ女子のコミュニティに「車でないと行けない、撮影スポットめぐり」を提案する。クルマニーズの発生するシチュエーション開発にも力を入れ、サービスとの接点を増やす努力をしている。

カスタマージャーニーコンセプト

①認知（カーシェア・三井のリパークのカーシェア・カレコ）

②理解（拠点の場所・サービス・料金）

カーシェア拠点の看板・のぼり

WEB広告　リアルプロモーション

その他 ※利用シーン想起

ウェブサイト

最も重要な瞬間

（図内の）③「入会」と④「初回利用」が重要な瞬間。入会時の利用動機に応える「即日利用サービス」の提供を2015年7月から開始。初回利用前の不安払拭のためにメールでのフォローや、利用終了後のアンケートな

CASE No.26

カルビー

「生活の中で、ブランドが入り込める接点をジャーニーから見つける」

市場全体で成長が鈍化していた「シリアル」の市場から、新たに「グラノーラ」という独自の市場を創出。売上げ規模を35億円から143億円にまで伸ばした「フルグラ」。新しい市場をつくる上では、白米やパンの代替として、朝食のメインとして食べてもらうという、業界側の一方的な発信の転換がカギになっている。

「主食でなくとも、副食で良いから、まずは食べてもらうきっかけをつくる」ことを目的に、最初に目を付けたのはヨーグルト。ターゲットの女性層にすでに浸透していたからだ。「ヨーグルトと一緒に食べる、ヨーグルトの友達」というポジションで、日常生活の中へ入り込んでいく戦略をとった。年間で約1400もの店舗で、「フルグラ」を試食してもらうサンプリングを実施している。こうした草の根的な活動をしつつ、「グラノーラ」という新しい市場を形成するため、2012年からは戦略PRを仕掛けた。日本におけるグラノーラブームの主役になっている。フルグラでは、企業側が描く使用シーンを一方的に提案するのではなく、消費者の日常行動を理解した上で、その中で自社の商品と接点を持てるような瞬間、きっかけを考える。さらに、ヨーグルトと一緒に朝食として食べるシーン以外の新しい接点づくりも検討しているという。

Calbee

カスタマージャーニーコンセプト

グラノーラ市場を拡大させるための戦略PR

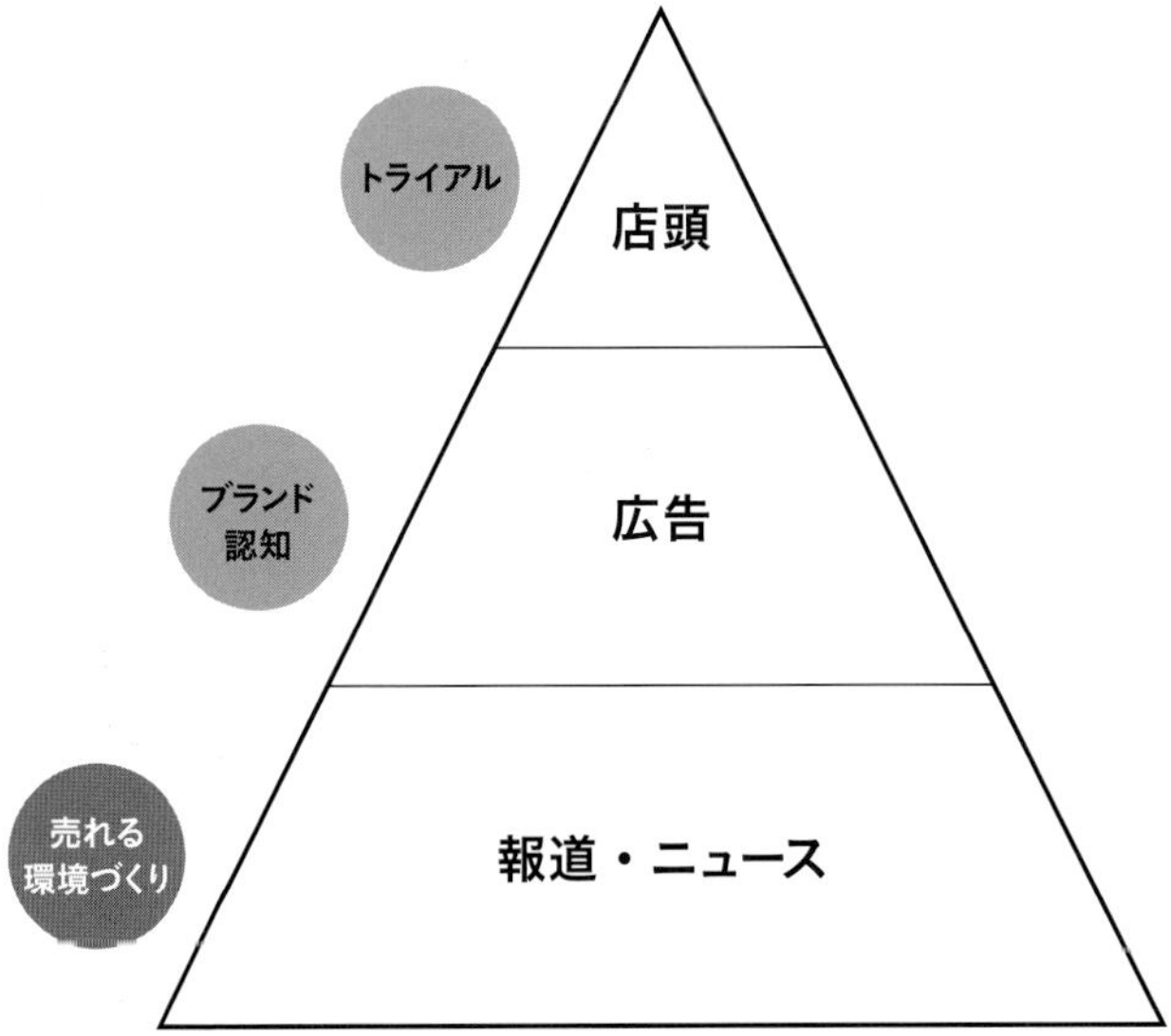

最も重要な瞬間

お客さまの日常の中で、自社の商品と接点を持ってもらえる瞬間。企業側が一方的に商品の飲食シーンを想定するのではなく、あくまでお客さまを主役に接点を考えていく。

KCJ GROUP（キッザニア）

「お客さまが学び、成長していく独自のジャーニー」

3〜15歳の子どもを対象に90種類以上の仕事やサービスが体験でき、楽しみながら社会の仕組みを学べる「キッザニア」。ＫＣＪ ＧＲＯＵＰが東京と甲子園の2か所でキッザニアを運営している。ほかに類のないユニークな業態で世界的に人気を集めるテーマパークだ。そのカスタマージャーニーにも独自性がある。

そのポイントは「お客さまが学び、成長していく」というジャーニー。広告や口コミなどをきっかけに来場した後は、約6年から8年と長期にわたって繰り返し来場。キッザニアでの体験が強烈なカスタマー・エクスペリエンスとなり、継続して来場したくなり、その結果、お客さまが成長していく。

子どもがキッザニアデビューする年齢は、3〜4歳。その後、中学生になると卒業していく。ほかではできない体験が、多くの来場者を惹きつけているキッザニア。カスタマージャーニーにおいても、来場前のブランド認知や施設誘引の部分ではなく、来場した子供たちが実際にアクティビティを体験する瞬間の価値向上に最大限注力している。常にお客さまは入れ替わっていくので、コンテンツの充実と、アクティビティを体験する場での満足度向上に全力で取り組んでいる。

カスタマージャーニーコンセプト

子どもが学び、成長していくジャーニー

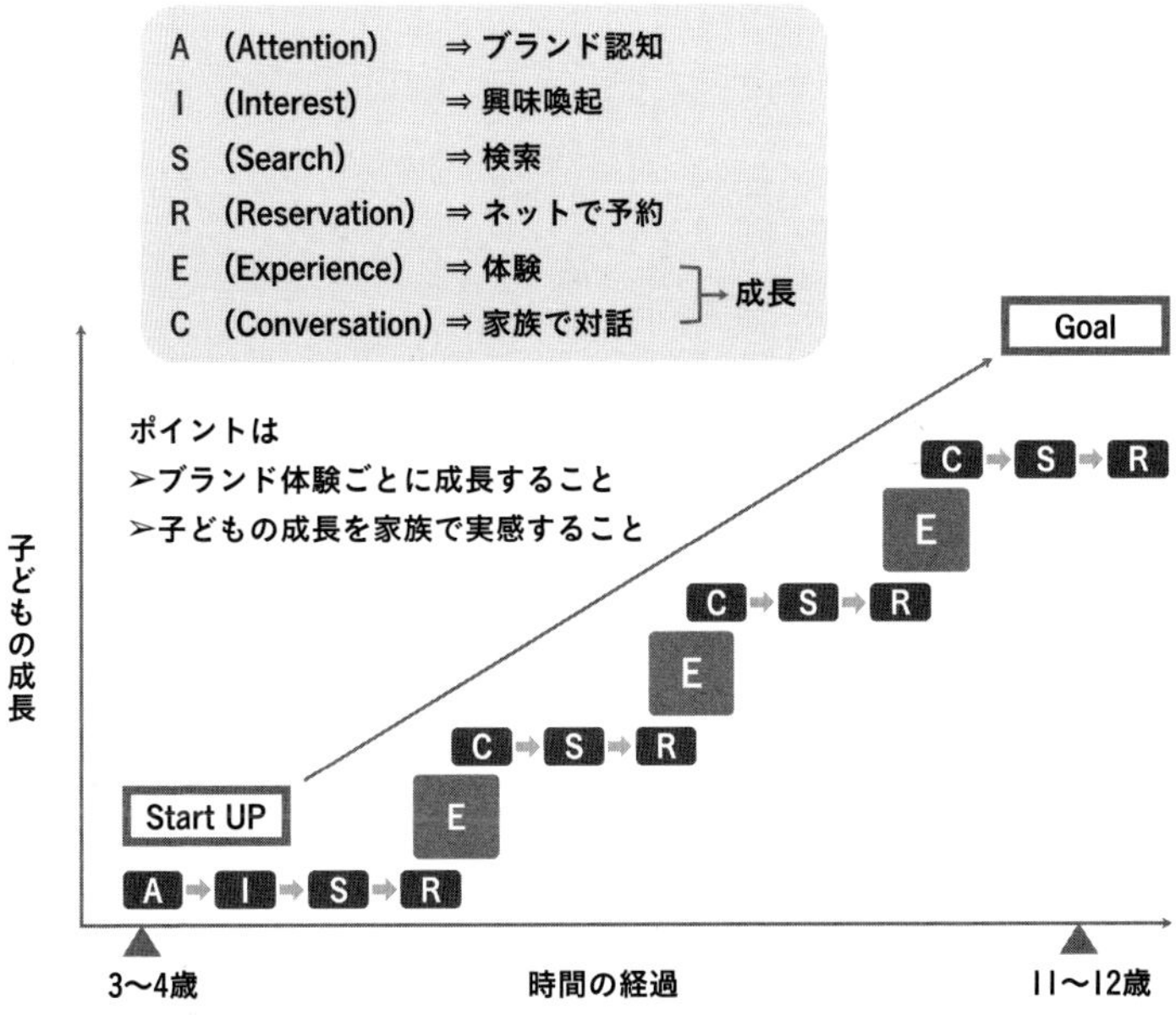

最も重要な瞬間

キッザニアでの職業・社会体験を通して、子どもが成長し、家族で子どもの成長を感じることのできる貴重な機会。この体験と、その後の家族間の会話が、最も重要な瞬間として、消費者の心に記憶される。

CASE No.28

スマイルズ

「自分自身の問題意識が全ての基点」

社内ではあまりマーケティング用語を使うことはなく、カスタマージャーニーマップも制作していないというスマイルズ。同社ではブランド担当者が一生活者として本当に必要だと思うものを考える。そこから、実際にお客さまがそのブランドに触れ合う具体的なシーンをイメージして「絵に描く」ことを重視している。「スープストックトーキョー」をはじめ、スマイルズが提供するブランドは、シーンを表現する「個の発想」からつくられている。

カスタマーに限らず「パートナー」と呼ぶアルバイトとの間にもシーンを描いている。「スープストックトーキョー」では、パートナーがお店を辞めた後もつながりを持ち続けられるよう、一般顧客とは別にパートナー経験者用のポイントカードを導入。パートナーになるということは、一度は「スープストックトーキョー」の理念に「共感」した証である。辞めた後はひとりのファンとして家族や友人と一緒に来店する。そうしたパートナーを「バーチャル社員のような存在」と考え、ロイヤルカスタマーとして大切に扱う。企業が関係性を持つべき相手は、消費者だけではない。同社ではアルバイト経験者も、ブランドを支援してくれる重要なパートナーと考えている。

Smiles:

カスタマージャーニーコンセプト

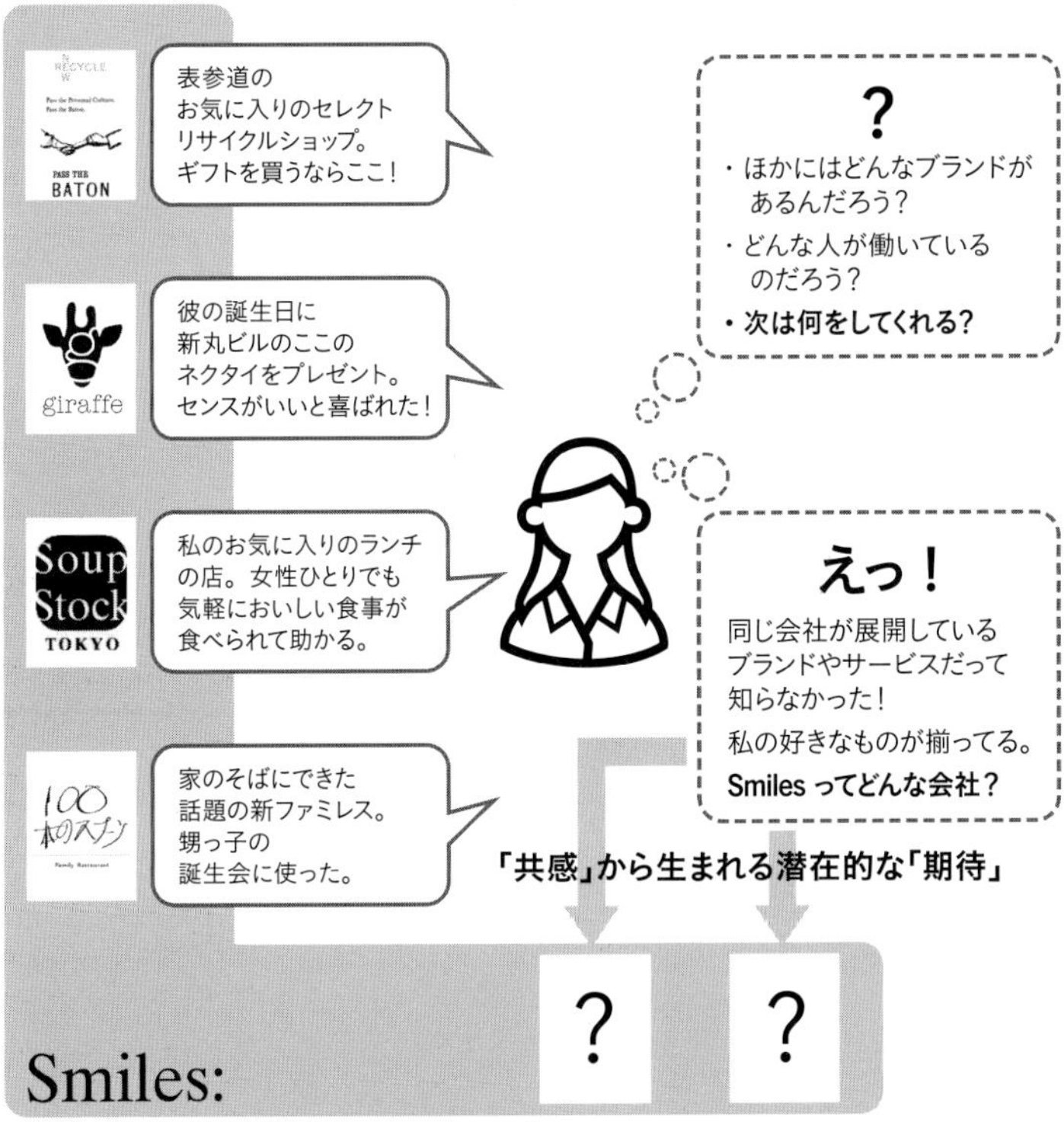

最も重要な瞬間　お客さまがそのブランドに触れ合い、共感をしてくれる瞬間。

CASE No.29

VAIO

「インフルエンサーとの関係構築が影響力を高める」

2014年に、ソニーより生産や企画に携わる拠点・従業員を含めた事業全ての譲渡を受けて設立された「VAIO」。ソニー時代のVAIOと比べて、戦略の決定的な違いは、ターゲットを絞り込み、経営資源を集中させるブランディング戦略をとったことだ。高付加価値PCに特化し、ターゲットもプロフェッショナルのクリエイターに設定する。これにともない、カスタマージャーニーにも同社独自の絞り込み戦略が反映されている。具体的には、顧客ターゲットとしての重要性はもちろん、「プロフェッショナルクリエイターとの関係構築」が、それ以外の顧客とのコミュニケーションにも反映されている。

例えば、会社の設立以来、同社では専門学校の講師やマンガ家など、影響力が高いクリエイターとの関係を構築。講演会などを通じて、VAIOユーザーとして情報発信してもらう場をつくってきた。影響力のあるマンガ家などのプロクリエイターからの発信は、ひとつのメディアとして機能する。その〝メディア〟を見るクリエイターのフォロワーやクリエイターを目指す人々に影響を与え、最終的な購買につなげる。カスタマージャーニーに、インフルエンサーとなるプロユーザーを多重に組み込んでいる点が、他社にはないユニークな戦略だ。

カスタマージャーニーコンセプト

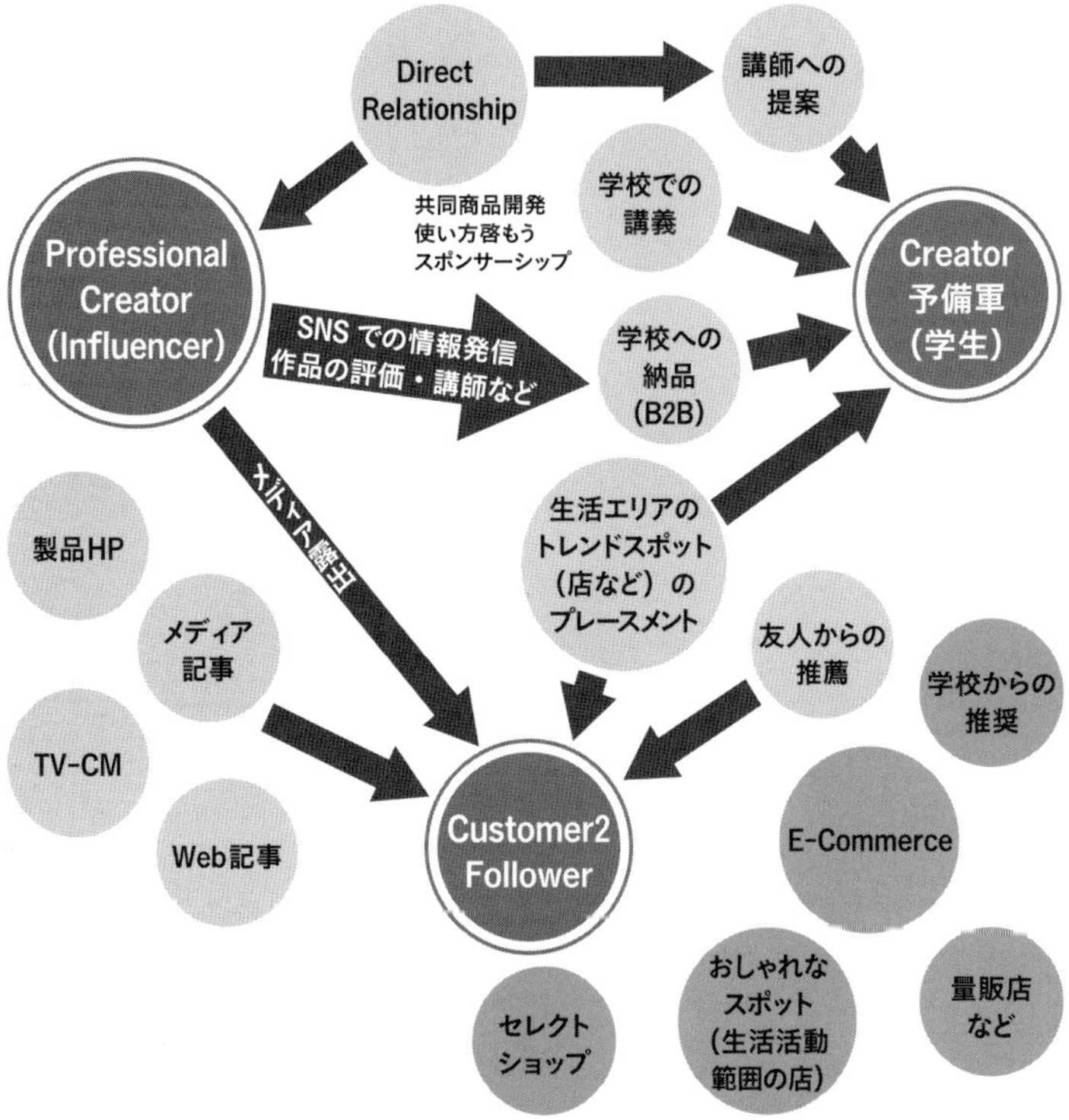

最も重要な瞬間

「プロフェッショナルクリエイターとのリレーションシップ」が構築される瞬間。この関係性が、高付加価値PCである「VAIO」のポジショニング・コミュニケーション戦略のカギとなる。

CASE No.30

フィリップス エレクトロニクス ジャパン

「IoTによるモノのつながりが、企業と顧客をもつなぐ」

グローバルの方針として、IoT強化を打ち出しているフィリップス。モノの機能性だけで差別化が難しくなる中で、商品を売って終わりではなく、定期的に一定額の売上げが入るリカーリング型のビジネスモデルを目指している。日本の事業を担うフィリップス エレクトロニクス ジャパンでも、ネット接続型のLED電球「Hue」を発売するなど、コモディティ化の激しい照明・電球の市場の中で、新たな価値の創出に取り組んできた。「Hue」はAPIを公開し、「Hue」を起動させる多種多様なアプリを個人や、企業が自由につくれるようにしている。世界的なエコシステムの形成が、新しいビジネスモデルの体現といえるだろう。

「Hue」は画期的な商品であり、これまで世になかったモノだけに、ニーズもない状態。発売当初はテクノロジーに関心の高い、ガジェット好きの男性層に支持をされ、売上げを伸ばしてきた。イノベーター層には、ある程度広まったという実感がある。さらに市場を広げるためには「テック好き」ではない人たちに、生活の中での使用シーンを描きながら訴求する必要が出てきている。

新たなブランドとの接点が生まれるような、カスタマージャーニーの構築が次のステップだ。

PHILIPS

カスタマージャーニーコンセプト

ガジェット好きから一般層へ

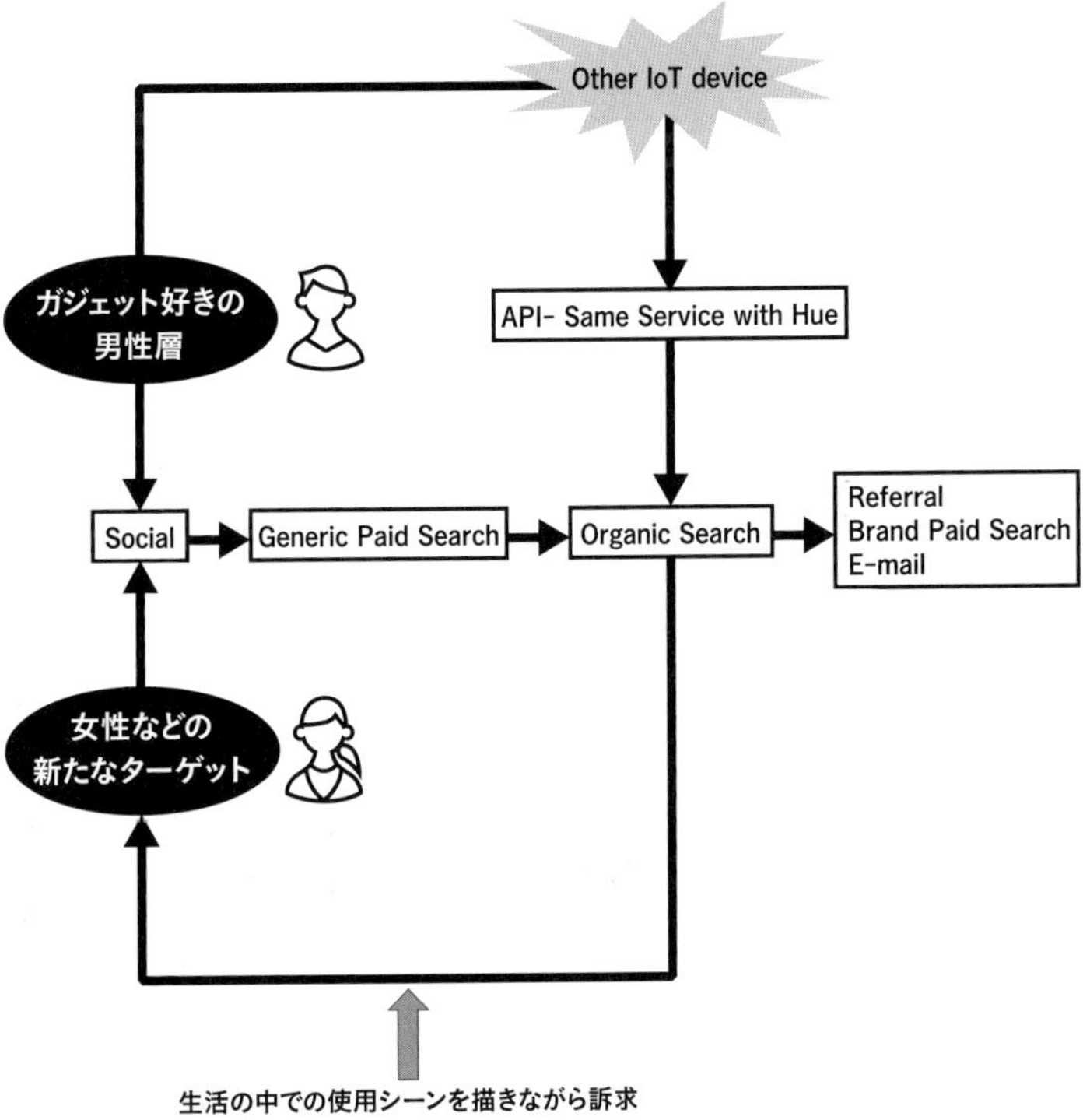

最も重要な瞬間

これまで世になかった、商品を自分なりに使用シーンを想起できる瞬間。

第9章

競争優位なカスタマージャーニーをつくろう

カスタマージャーニーを考えるのは難しい？

スマート化、コモディティ化、人口減少という3つの現象が、顧客の行動に影響をもたらし、競争のルールを変えてしまいました。競争のルールが変わったのは、顧客が変化しているからです。だからこそ、カスタマージャーニーを考えることで、「顧客視点で自社の競争力を高める」道筋も見えてきます。

前章で解説した30社の顧客アプローチを見てわかる通り、カスタマージャーニーへの取り組みは、単なる顧客接点の見直しにとどまりません。カスタマージャーニーを考えるとは、顧客と長期的な関係を築き、ブランドを選び続けてもらうための変革を意味します。

それでは、どうすれば自社の競争力を引き出し、市場で競争優位に立てるカスタマージャーニーをつくれるのでしょうか。

ここで、様々な疑問がわくと思います。

・顧客視点の持ち方が難しい。
・どこから始めればいいかわからない。
・顧客別に、ジャーニーをいくつも描く必要があるのか判断が難しい。
・顧客接点を持つ部署が複数あるため、全てのジャーニーを把握できない。
・カスタマージャーニーマップの活用方法が不明確。

そこで、この章では最も重要な顧客に焦点を当てた、カスタマージャーニーのマスターマップを完成させるプロセスを紹介します。自社と顧客の関係性を表す「型」となりますので、複数の顧客パターンに応用が可能です。

応用の段階では、顧客一人ひとりに合わせたタイミングで、適切なメッセージを届けるために、マーケティングテクノロジーの活用を検討します。テクノロジーにより、例えば、顧客の誕生日が重要な接点であれば、３６５日自動的に顧客が興味を示している商品の特典を、お祝いメッセージをつけて配信できるようになります。

スポーツや格闘技でも、最初からプロや黒帯になれるわけではありません。本書ならではの基本的なアプローチを示しますので、まずは「型」を覚えて、「最も重要な顧客や接点」に集中しましょう。慣れるにつれて、適用の範囲を広げてみてください。

カスタマージャーニーをつくる4つのステップ

4つのステップで、カスタマージャーニーをつくるプロセスを紹介していきます。

最初のステップでは、現在の顧客接点を洗い出し、顧客の気持ちや行動を可視化したカスタマージャーニーマップを作成します。顧客行動を整理し、現状を把握した上で、これから目指すべき理想の姿とのギャップを認識します。

ステップ2では、新しいカスタマージャーニーコンセプトを考えます。現状と理想のギャップを埋めるために、「つながり」、「質」、「量」のフレームワークを使って、競争の軸を見直します。他社より優位に立てるコンセプトの発見がゴールになります。

ステップ3では、新しく考えたコンセプトをもとに、カスタマージャーニーマップを描き直していきます。新しい顧客接点の追加、機能していない施策の改善など、判断を下していきます。

最後となるステップ4では、特に有効な顧客接点を、最新のマーケティングテクノロジーで強化する方法を紹介します。描いたアナログのカスタマージャーニーにデジタルで命を吹き込み、少人数のチームでも数10万から数100万の顧客に対して、価値を届けられる施策を検討します。

ここ数年、顧客の興味や関心、行動やタイミングに合わせて、あらかじめ設定したシナリオでカスタマージャーニーを発動させるマーケティングオートメーションの技術が劇的な進化を遂げています。オンラインにおいてはすでに、会員登録後、誕生日や記念日、商品を購入した直後など、特に重要な瞬間における施策を自動実行できる環境が整ってきました。

　自動化されるメリットは単に業務の効率化にとどまりません。自動化によって多様なシナリオを瞬時に試せるので、仮説検証のスピードが加速します。テクノロジーの活用で、マーケターは自社のコミュニケーションの可能性をより広げ、マーケティング活動の精度を進化させることができるのです。

　ではここから、4つのステップの詳細を解説していきましょう。


競争優位なカスタマージャーニーをつくる4つのステップ

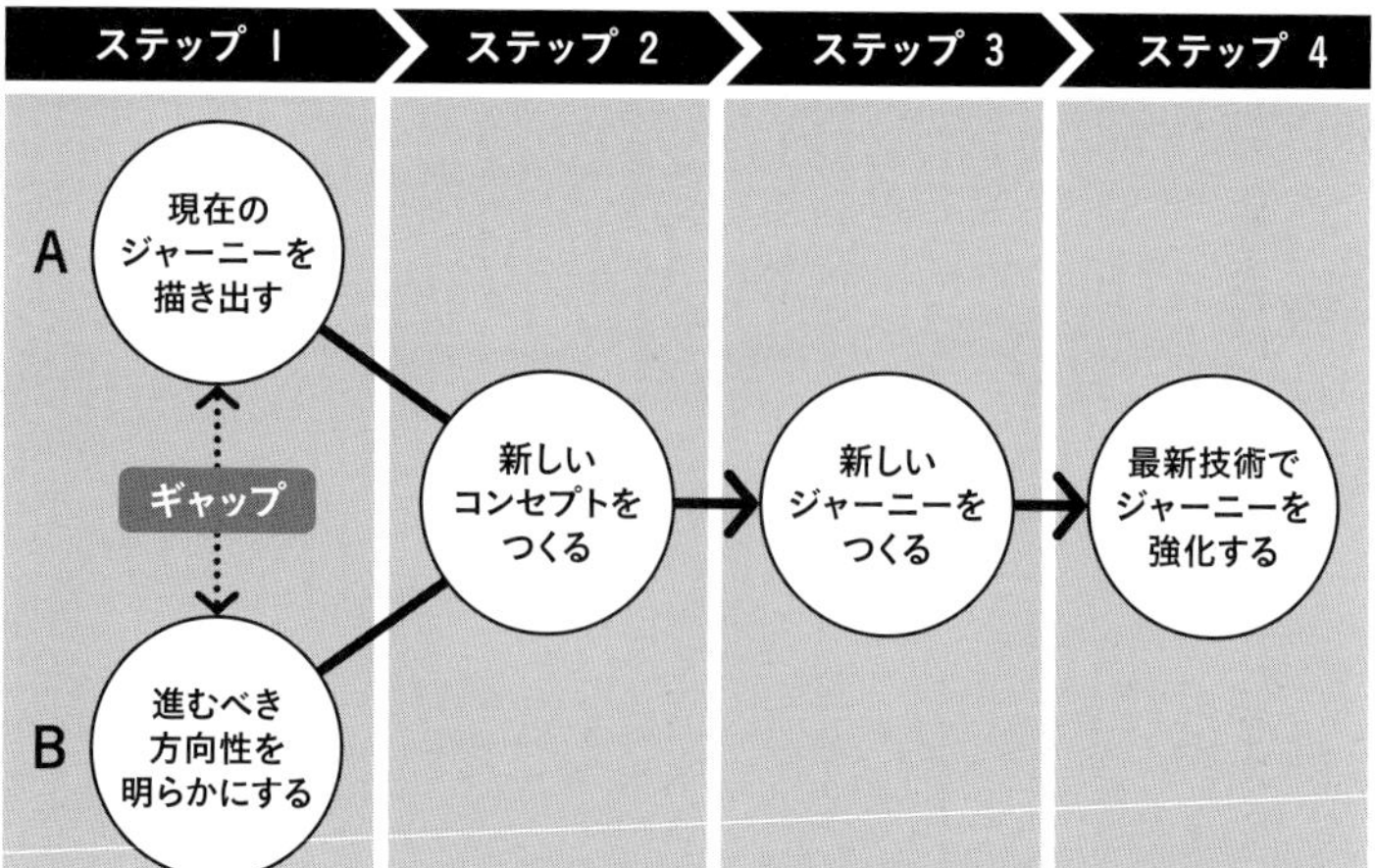

ステップ1-A　現在のジャーニーを描き出す

このステップでは、対象製品と想定顧客を設定し、顧客の行動を時系列で表現するカスタマージャーニーマップの描き方を紹介します。マップにより、どの接点でコミュニケーションがうまくいっているのか、何が課題なのかを洗い出し、競争力を高めるヒントが得られます。

カスタマージャーニーマップは、いくつかのフレームワークを組み合わせて形成します。次ページのワークシートを参考に、各要素を書き出してみましょう。

前提条件を決める

1. 対象ブランドや商品を決定する

ブランドや商品カテゴリが異なれば、描くジャーニーも変わります。まずは対象とするブランドや商品・サービスを決めましょう。

2．対象顧客となるペルソナを設定する

対象顧客となるペルソナは、自社商品のメインターゲットを設定しましょう。ペルソナとは「人物像」という意味です。ブランドや商品のターゲットとなる人の年齢や性別、行動の傾向や価値観などを具体的に定義し、顧客の人物像を明らかにしておきます。

重要なのは、想定顧客を決めるときにペルソナを多くつくりすぎて、マップを複雑化しすぎないようにすることです。

ここでの目的は、あくまでカスタマー

カスタマージャーニーマップ　ワークシート

1) 前提条件を決める

		質問	必要な情報の例	ポイント!
Product	対象商品やサービス	カスタマージャーニーを描き起こす対象となる商品は何ですか？	ブランドカテゴリ、商品名、価格などの商品を定義する情報	製品画像を使って、イメージを具体化する
Customer	対象顧客のペルソナ	商品を購入・サービスを利用してくれる主要な見込み客や顧客は誰ですか？	デモグラフィック(性別/年齢/職業,etc.)、行動、ニーズ・ウォンツ	名前やあだ名をつけて、身近な存在にする
	対象顧客の人数	商品を提供する対象顧客は何人くらいになり、売り上げ規模はどれくらいですか？ビジネスは成り立つ規模ですか？	対象となる顧客・見込み客の人数、売上げ規模	ビジネスが成り立つサイズの規模に設定

2) カスタマージャーニーマップの構成要素を洗い出す

		質問	必要な情報の例	ポイント!
Action	行動ステージ	商品やサービスと出会い、検討・購入し、使い終えるまで、大枠でどのようなプロセスをたどりますか？	「始め、中、終わり」、「利用前、利用中、利用後」、「きっかけ、検討、購入、購入後」などの大きな枠組み	ステージと顧客行動、両方の視点でアプローチ
	行動サブステージ	行動ステージを細分化すると、どのようなステップが描けますか？	「始め、中、終わり」それぞれを構成する行動のプロセス	1) ステージ分けからはじめて、行動を細分化
	顧客の行動	サブステージ毎に、顧客はどんな行動をとりますか？	商品をウェブで検索、口コミを比較、支払などの具体的なアクション	2) 顧客行動を列挙して、グルーピング
Emotion	顧客感情の変化	サービスを受けた際、顧客はどんな感情を抱いていますか？	感情に加えて、その時の気持ちを書き出す	気持ちの動きがあるポイントを発見する
Interaction	現在の顧客接点	どの接点を利用して、顧客と関係を築いていますか？	ウェブサイト、ソーシャルメディア、メール、バナー広告、店舗など、場所やメディア、デバイスの組み合わせ	最も重要な顧客接点や瞬間を想像してみる
	将来の顧客接点	どの接点を改善、追加すると効果的ですか？	メディア、場所、つながるモノなど、従来は利用していなかった接点も検討	現在の顧客接点を把握した後に、追加・改善する
Value	提供価値	ステージ毎、行動毎に提供できている自社の価値は何ですか？	価格、質、利便性、安全性など	自社、顧客、競合の視点で考える
Insight	機会とリスクの発見	どのような機会やリスクが発見できますか？	うまくいっている接点、顧客の感情が動いている接点、カバーできていないステージ	ステージ、顧客行動、感情、接点、価値、全ての観点で振り返ってみる

ジャーニーの「マスターマップ」の作成です。対象とした顧客を軸にした場合、ビジネスが成り立つボリュームゾーンを選びましょう。

カスタマージャーニーをつくった後、マーケティング施策を実行する段階においては、顧客の属性や置かれたシーンやシチュエーションによって、多様なシナリオが必要とされます。分岐した個別シナリオに対応するためには、ワントゥワン対応が可能なマーケティングオートメーションの活用を検討します。この施策はステップ4で詳述します。

ジャーニーマップの構成要素を洗い出す

3．顧客行動のメインステージを定義する

時系列でとらえると、多くの場合、顧客行動は「始め」「中」「終わり」などの3つか4つに分けることができます。旅行であれば、「旅行前」「旅行中」「旅行後」となります。車を購入するプロセスであれば、「購入前」「購入時」「車オーナー」「買い替え」といった形です。

自社の製品やサービスの利用シーンを、「利用・購入前」「利用・購入中」「利用・購入後」

業界別カスタマージャーニーステージの参考例

あくまで例ですので、自社のステージを自分の言葉で再表現しましょう。

小売り
例）アパレル

来店前	来店	来店後
きっかけ・服の検索 お店決定	入店・回遊・店員接触 試着・購入・退店	着用 新しい服への欲求

旅行

旅行前	旅行中	旅行後
きっかけ・リサーチ・計画 予約・チケット購入・準備	移動・観光・買い物 旅行中体験の共有	帰宅・旅行後体験の 評価と共有・次の旅へ

スクール
例）英会話スクール

来店前	体験	入学、通学	コース終了
きっかけ・リサーチ 資料請求・体験予約	体験・評価	契約・支払い レッスン参加	退会or 新コースへの参加

自動車

購入前	購入時	車オーナー	再購入
きっかけ・リサーチ 比較・カタログ請求	ディーラー訪問 試乗・見積り	点検・車検 パーツ交換	下取り・再購入

保険
例）医療保険

加入前	加入	加入後
きっかけ・リサーチ 比較・納得	契約 見直し・追加加入	出来事・通院・入院・手術 保険申請・審査・適用

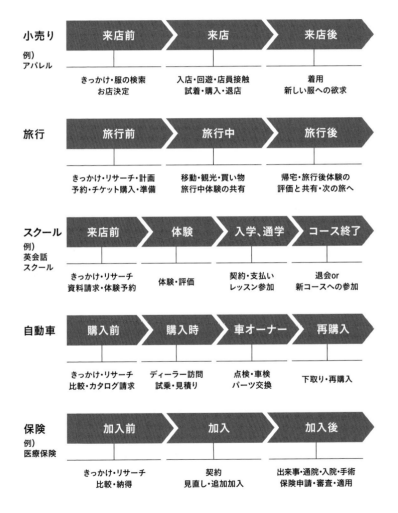

のように、シンプルなフェーズに分けてフレームワーク化してみると、顧客行動を把握しやすくなります。業界別にメインステージは異なりますので、参考として代表的なステージ分けを紹介します。自社独自のステージを定義してください。

4．顧客行動のサブステージを定義する

大枠となるメインステージを形成する、顧客行動のサブステージを抽出します。例えば旅行業界で、メインステージが「旅行前」であれば、そのステージ内に「旅行の計画」、「チケットの予約・購入」、「出発準備」などのサブステージへと、さらに細分化して定義ができます。

5．顧客行動を洗い出す

定義したそれぞれのメインステージ・サブステージの中で、具体的に顧客がとる行動をプロットしていきます。「検索する」、「資料を請求する」、「比較する」、「来店する」などの具体的な顧客アクションです。

メインやサブステージが思いつきにくい場合、顧客行動を書き出して、それらをグ

ループピング化する方法があります。ステージと顧客行動は上下の関係性を持っていますので、実践しやすいアプローチを検討してください。

6. 顧客の感情を想像する

各ステージや行動にともなう、顧客の心理変化を想像して、明らかにしていきます。顧客の期待や満足、不満がどこで発生しているのかを明記します。同時に、その感情を抱いた際の心理状況も書き出し、感情の波形を可視化します。

7. 顧客接点を明確にする

明らかになった顧客行動に対応する、自社と顧客の接点を挙げます。接点となるメディアや施策を、各ステージや行動に関連づけます。

8. 提供価値を評価する

それぞれのステージで、どのような自社製品やサービスの価値が提供できているかを振り返り、評価します。

9．機会とリスクを発見する

1から8までのプロセスで、顧客の行動や接点、その接点ごとの提供価値が見えてきました。カスタマージャーニーマップ上のどこに、どのようなビジネスやコミュニケーションの機会とリスクが存在するのかを想定して、記入します。

10．ビジュアル化する

カスタマージャーニーマップは、社内のコミュニケーションツールとしても有効に機能します。洗い出した顧客行動や接点をよりわかりやすくするために、アイコンなどを活用してビジュアル化しましょう。

221ページで紹介したマップの構成要素を縦に並べ、最初は紙や付箋を使って、ラフにジャーニーを描き出すことをお勧めします。ある程度、方向性が見えてきたと感じたら、より整理しやすくするためにビジュアル化します。本書では、ジャーニーをビジュアル化するためのアイコンを用意しました。

7つの構成要素から成り立ちますので、自社のジャーニーに当てはめて活用してください。

カスタマージャーニーアイコン

オリジナルアイコンをダウンロードして、自分だけのカスタマージャーニーをつくりましょう。
基本だけで 80 種、190 点以上を収録。今後、順次増えていきます。

［ペルソナ・人］

赤ちゃん　こども（女）　こども（男）　サラリーマン　OL　おばあさん　おじいさん　ファミリー

［感情］

ふつう　無表情　悲しい　怒り　うーん　泣く　笑顔

［デバイス］

スマホ　タブレット　ノートPC　デスクトップPC　TV　カメラ

［チャネル・メディア］

電話　メール　Web　ソーシャル　ショッピングカート　位置＋地図

［場所］

家　店　レストラン　会社　病院　学校　工場

［移動手段］

歩き　自転車　バイク　車　タクシー　飛行機

［その他］

貯金箱　トロフィー　ポイント　プレゼント　プロセス　アイディア

アイコン集ダウンロード　http:www.sendenkaigi.com/japancmoclub/

パスワード：japancmoclub

社内の関係者で、ジャーニーを大まかにプロットしていくだけでも、可能性や脅威の発見は可能です。顧客の立場でジャーニーを描き、より確かなものにしていくためには、グループインタビューや、社内でワークショップを開くと、さらにリアルなものに近づいていきます。できる限りオープンな環境で、チームなど複数人で取り組んでみてください。

例で考えよう —— オンライン旅行サービスのカスタマージャーニーマップ

ジャーニーをつくる練習として、旅行のオンラインサービスをモデルに考えていきましょう。モデルとする企業はホテル・航空券などの、旅行に関するオンライン予約を扱うサービスを展開しています。

ターゲットは、日本からの海外旅行者です。代表的なペルソナとして、30代半ばの夫婦を設定します。この夫婦は、夏休みのハワイ旅行を検討しています。

まず、顧客の行動のステージを定義します。大別すると、3つのステージが考えられます。旅行前、旅行中と旅行後です。次に、行動のサブステージやステージ毎の行動を定義します。旅行をする前に、「いつかハワイに行きたい」という願望があるとします。夏休みにハワイへ行くとすると、タイミングが近くなってきた段階で、予約をする必要があります。様々なサイトを回遊して、ホテルや航空券の値段、種類をリサーチして検討します。ベストな値段や割安なプランをオファーしてくれるサイトで航空券を購入し、ホテルを予約。旅行に行く少し前の段階では、航空券を印刷したり、空港の搭乗口を確認したり、スーツケースのパッキングをすませます。

次はいよいよ出発です。当日は空港へ移動して、航空会社のカウンターでチェックイン。搭乗までの時間を空港のレストランで過ごし、荷物検査・出国審査を受けて、出発ゲートへ。搭乗して、飛行機の中で7時間半過ごした後、現地に到着。入国審査を終えてホテルへ向かい、チェックイン。ようやく荷ほどきをして、観光開始です。当初、立てていた旅行プランに基づいて、様々な場所を訪れて旅を満喫します。帰国日は、現地の空港でチェックインをして、帰国します。帰国後には家に戻り、荷ほどきをして、旅を終えます。

その後は撮った写真を見返したり、友人や同僚にお土産を渡したりしながら、旅の思い出に浸ります。

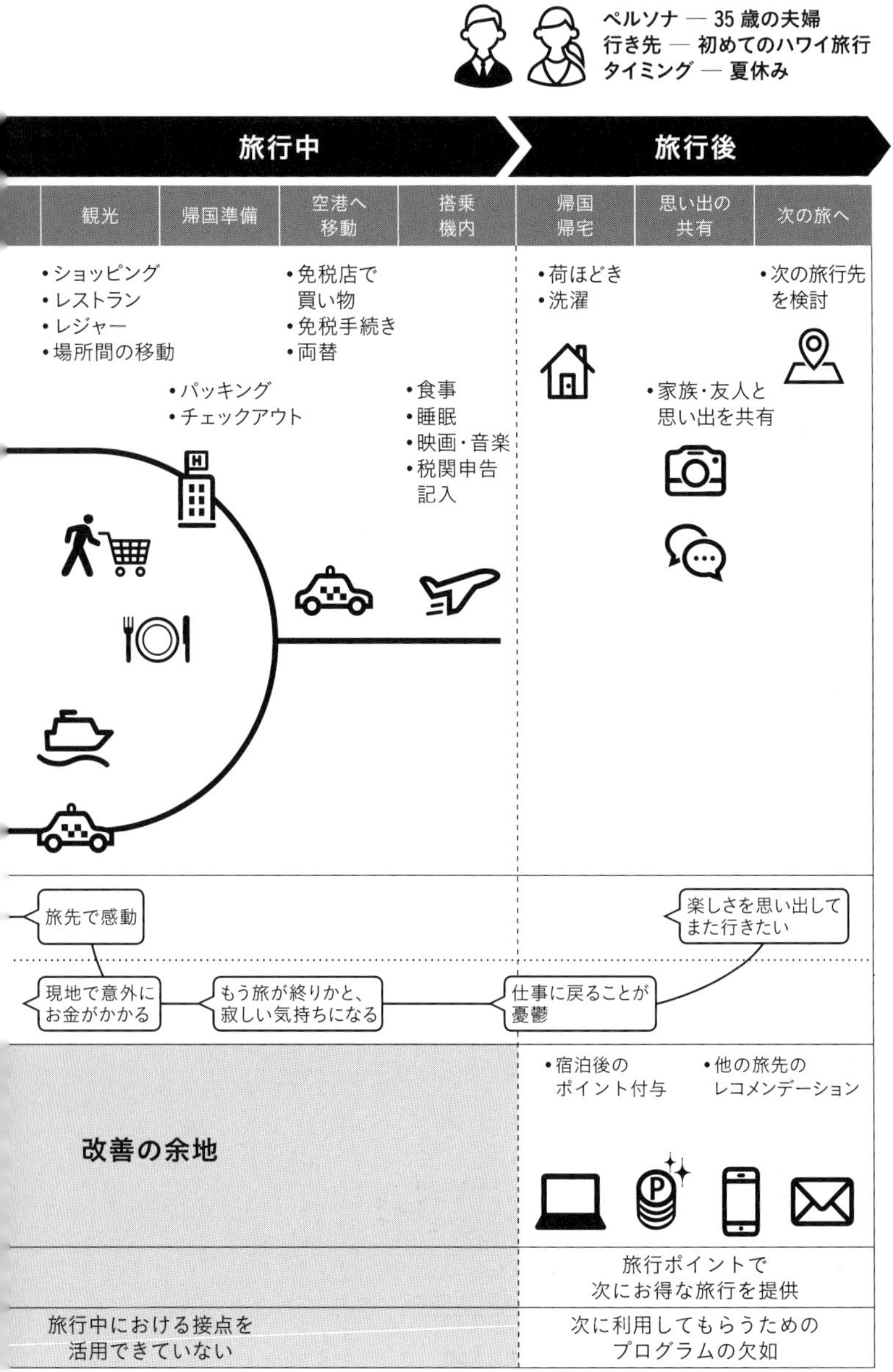
ペルソナ — 35歳の夫婦
行き先 — 初めてのハワイ旅行
タイミング — 夏休み
旅行中
旅行後
観光
帰国準備
空港へ移動
搭乗機内
帰国帰宅
思い出の共有
次の旅へ
・ショッピング
・レストラン
・レジャー
・場所間の移動
・パッキング
・チェックアウト
・免税店で買い物
・免税手続き
・両替
・食事
・睡眠
・映画・音楽
・税関申告記入
・荷ほどき
・洗濯
・家族・友人と思い出を共有
・次の旅行先を検討
旅先で感動
現地で意外にお金がかかる
もう旅が終りかと、寂しい気持ちになる
仕事に戻ることが憂鬱
楽しさを思い出してまた行きたい
改善の余地
・宿泊後のポイント付与
・他の旅先のレコメンデーション
旅行ポイントで次にお得な旅行を提供
旅行中における接点を活用できていない
次に利用してもらうためのプログラムの欠如

カスタマージャーニーマップの例

行動ステージ	旅行前				旅行中		
行動サブステージ	旅行先の検討	旅の計画リサーチ	予約購入	出発準備	空港へ移動	搭乗機内	現地到着移動
顧客の行動	•旅行先の検討 •旅行タイミングの検討 •予算の検討	•観光スポットの検討(観光場所/レストラン/お土産/ショッピング) •航空券の検索 •ホテルの検索 •現地ツアーの検索 •休みの申請	•航空券の購入 •ホテルの予約 •現地ツアーの予約 •海外旅行保険の加入	•旅行グッズ購入 •パッキング •旅券・バウチャー準備 •両替	•チェックイン •出国審査	•食事 •睡眠 •映画・音楽	•ホテルへチェックイン
顧客感情の変化	行きたい場所を考えるのは楽しい プランを考えて決めるのが大変			準備が忙しい	仕事から離れて、期待が膨らむ	フライトが疲れる	
現在の顧客接点	•SEO・SEM •バナー広告 •ソーシャル広告 •雑誌広告		•検索・予約サイト	•予約完了メール •出発リマインダー			
提供価値	国内・海外のホテルがお得な価格で24時間予約可能						
機会とリスクの発見	旅全体の準備を便利にして、快適にするサービスの展開						

次に海外へ行く場合も、おおよそ同じプロセスをたどるでしょう。旅行の満足度が高ければ、同じ会社のサービスのリピーターになることも期待できます。

２３０〜２３１ページの図は、この顧客行動をカスタマージャーニーマップに落としこんだものです。これをもとに、サービスを検証してみましょう。

旅行サービスを、カスタマージャーニーマップで検証してみると、いくつかの発見があります。自社の提供価値を「ベストなプライスで航空券やホテル予約を提供する」とした場合、旅行前と旅行後の顧客接点はしっかり設計されています。ですが、「旅行」という体験をトータルで見た場合に、旅行者が持つ典型的な不満や不安に対しては、十分なサービスが提供できていない状況が見えてきます。

もうひとつは、旅行中の移動やレストランの予約といった行動について、自社のサービスではフォローできていません。そこに新しい機会が存在する可能性があります。

カスタマージャーニーをマップの形でビジュアル化して見ると、どのサービスや接点がうまく機能しているのか、機能していないのかを把握できるようになります。さらには、ある顧客接点やステージにおいて、ビジネスの可能性が存在するのかどうかという、機会とリスクの発見も可能になります。可視化によって自社のビジネス課題を洗い出し、新たな機会を見つけ出すことがマップの重要な役割になってくるわけです。

ステップ1-B　進むべき方向性を明らかにする

現状のカスタマージャーニーをマップにプロットできたら、次は進むべき方向性を検討します。ここでは、カスタマージャーニーの4つの方向性を紹介しましょう。

縦軸に、短期・中長期という時間軸を引いて、横軸に従来のジャーニーと新しいジャーニーの軸を引きます。この軸で、カスタマージャーニーを4象限でとらえます。

「ゴールデンパス型」、「最適改善型」、「Ｎｅｗパス追加型」、「イノベーティブ型」の4象限で考えると、これから進むべき方向性が見えやすくなります。

【ゴールデンパス型】

「短期」×「今までのジャーニー」の組み合わせです。短期に結果を出すためには、うまくいっているジャーニーを見つけて、そこを強化するゴールデンパス型のアプローチが考えられます。うまくいっている顧客接点やジャーニーを強化して、そこに対する投資を増やしたり、そのパスを強化する、という方法です。

化粧品ブランドの日本ロレアルは、ウェブサイトからの購入者のうち、生涯のロイヤル顧客となる確率が高くなるケースを、購入履歴の分析から導き出しました。最初に2回目に店舗を訪れて、購入した顧客のロイヤル化率が高かったのです。

競争優位性を引き出す
カスタマージャーニーの4象限

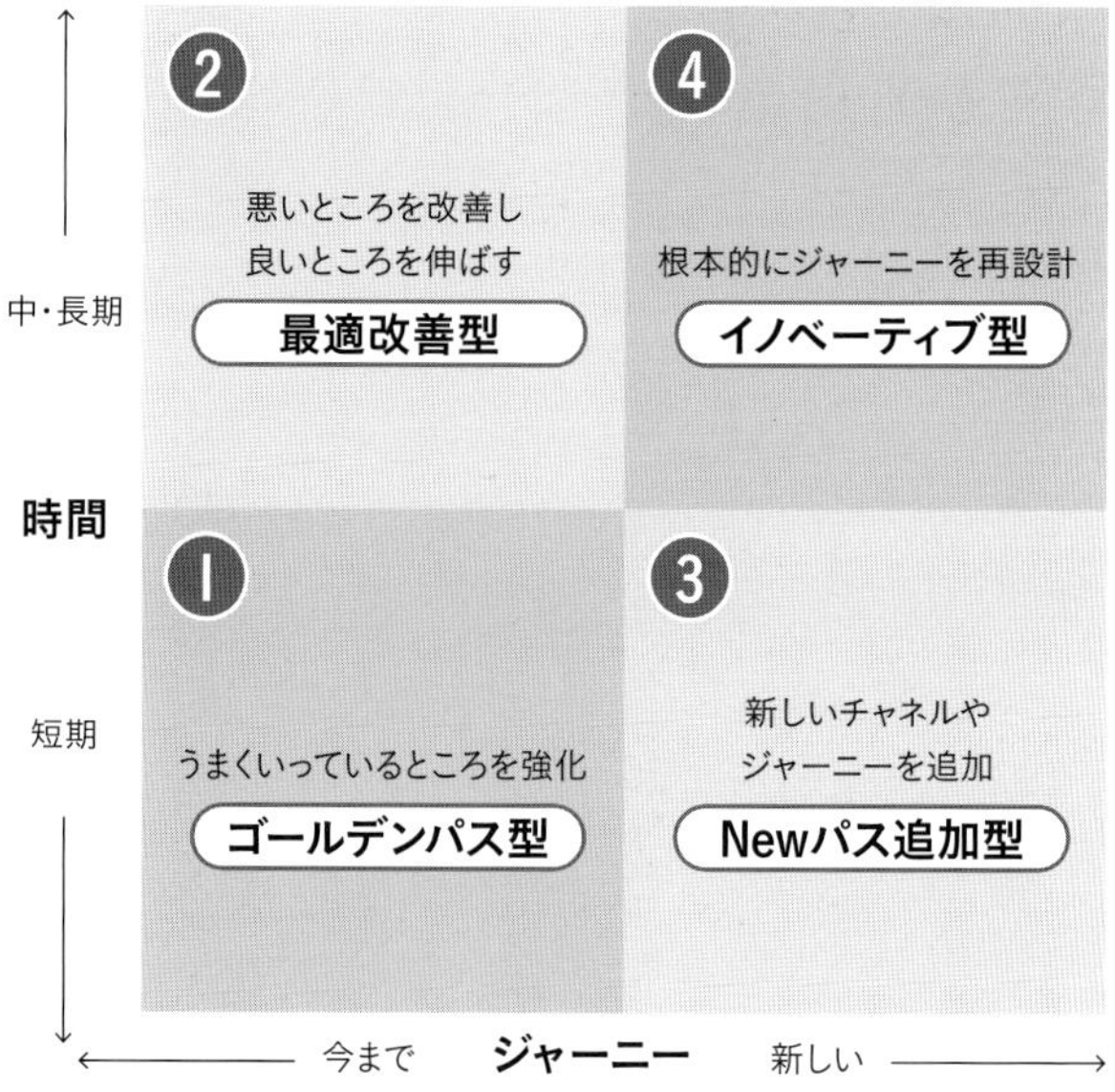